实用数学

主　编　董代进　夏　雪
副主编　欧　宇　周雅梅　胡　胜
主　审　刘　力

重庆大学出版社

内 容 提 要

本书由专业实例,引入数学知识,进而讲解数学知识,最后用所学的数学知识来解决专业实际问题,数学知识和专业知识紧密结合、浑然一体。主要讲述了:代数式基础知识、三角函数和矢量的解决、坐标系、方程及方程组的解法、平面解析几何、立体几何初步等方面的内容,可作为中等职业学校机械专业的数学基础教材及专业数学教材。

图书在版编目(CIP)数据

实用数学/董代进等主编. —重庆:重庆大学出版社,
2009.8(2025.1重印)
(中等职业教育机械类系列教材)
ISBN 978-7-5624-4887-7

Ⅰ.实… Ⅱ.董… Ⅲ.数学课—专业学校—教材 Ⅳ.
G634.601

中国版本图书馆 CIP 数据核字(2009)第 099632 号

实用数学

主 编 董代进 夏 雪
副主编 欧 宇 周雅梅 胡 胜
主 审 刘 力
责任编辑:彭 宁 版式设计:彭 宁
责任校对:任卓惠 责任印制:张 策

*

重庆大学出版社出版发行
出版人:陈晓阳
社址:重庆市沙坪坝区大学城西路 21 号
邮编:401331
电话:(023)88617190 88617185(中小学)
传真:(023)88617186 88617166
网址:http://www.cqup.com.cn
邮箱:fxk@cqup.com.cn(营销中心)
全国新华书店经销
重庆新生代彩印技术有限公司印刷

*

开本:787mm×1092mm 1/16 印张:9.75 字数:243千
2009 年 8 月第 1 版 2025 年 1 月第 9 次印刷
ISBN 978-7-5624-4887-7 定价:29.00 元

前　言

数学课程虽然是中等职业学校机械类专业的主干课程,然而目前普遍存在老师难教、学生难学的现象。究其原因,我们认为主要有以下几点:

第一,学生的数学基础十分薄弱。

第二,学生目的性不明确。学生不知学了数学具体做什么,不知数学与所学专业的联系,从而导致缺乏学习数学的积极性。

第三,与所学专业的联系不紧密。数学应为所学专业服务,然而我们在专业课的教学中,感到专业所需要的数学知识,学生十分欠缺,从而导致专业课老师在讲有关计算问题时,要花相当一部分时间去讲数学知识。

我们针对以上问题,编写了这本《实用数学》,它具有以下几个特点:

第一,编写人员的构成独特。我们组织重庆市中等职业学校优秀的、长期从事教学工作的数学老师和专业课教师共同编写此本教材,我们紧密配合、互相协作,从组织形式上保证了数学知识和专业知识的融合。

第二,编写模式新颖。本书总的模式是:由专业实例,引入数学知识,进而讲解数学知识,最后用所学的数学知识来解决专业实际问题。数学知识和专业知识紧密结合、浑然一体,学生十分明确所学数学知识的目的。

第三,针对性强,考虑到中等职业学校机械类专业学生的现状,我们编写了"项目一　代数式的计算",这实际上是弥补学生数学知识的不足。

第四,充分为专业课服务,做到"够用为度"。专业课需要哪些数学知识,就讲解哪些数学知识。如矢量的计算,我们只讲平行矢量的计算;而曲线方程我们则加深了,讲了直线方程、圆的方程、抛物线方程、双曲线方程等,因为,不论是数控专业的学生,还是模具专业的学生都要用到这些知识。

第五,准备充分。我们从 2007 年,就开始调研、思考、论证本书的编写工作,前后通过数次研讨,多次修改,才形成了本书。

虽然,我们力求做到以上几点,但把数学知识和专业知识融合到一起编写数学教材,毕竟是第一次,加之我们水平有限,缺点错误再所难免,敬请读者批评指正,不胜感谢。

本书由重庆渝北职教中心的刘力担任主审,由董代进和夏雪担任主编,由欧宇、周雅梅和胡胜担任副主编,参加编写的还有杨智凌、辛国安、胡贵芬、付琳、彭荣、周永伦、李勇、蒋翎、钟珊珊、杨小刚、李昌春、郑祥云、李晓峰、向山东。全书由董代进进行统稿。

编　者
2009.6

目 录

项目一　代数式基础知识

项目内容：1. 代数式的运算
　　　　　　2. 不等式的运算
　　　　　　3. 求和的运算
　　　　　　4. 正态分布
项目目的：1. 掌握代数式的运算及其应用
　　　　　　2. 掌握不等式的运算及其应用
　　　　　　3. 掌握求和的运算及其应用
　　　　　　4. 了解正态分布的含义及其应用
项目实施过程

专业引入

一、实例

如图 1.1 为一个钳工实训课题。某钳工班加工出了 33 个零件。

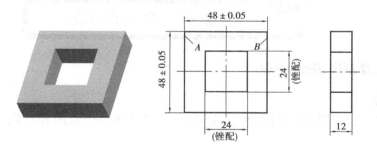

图 1.1　钳工实训课题

1. 试指出尺寸 48 ± 0.05 的具体含义。

2. 某测绘班的同学,实测了 33 个零件的 A 面与 B 面尺寸,数据见表 1.1。现以 A 面与 B 面的尺寸为准,请找出这些实训零件的合格品和不合格品,计算该批零件 A 面与 B 面的平均尺寸。

表 1.1　实测数据

编号	1	2	3	4	5	6	7	8	9	10	11
所测数据	48	47.98	48	48.04	48.06	48	48.02	47.96	48	48.02	48
编号	12	13	14	15	16	17	18	19	20	21	22
所测数据	48.02	48	48.04	48	47.94	47.96	48	48	48.02	48	48
编号	23	24	25	26	27	28	29	30	31	32	33
所测数据	48	47.96	48	47.98	47.98	48.02	48	48.04	48	47.98	48.02

二、答案

1.48 ± 0.05 的具体含义是:

上偏差: + 0.05 mm,下偏差: − 0.05 mm,公差:0.10 mm。

基本设计尺寸 48 mm,最大极限尺寸 48.05 mm,最小极限尺寸 47.95 mm 。

尺寸在 47.95 ~ 48.05 mm 中的零件为合格品,尺寸小于 47.95 mm 或大于 48.05 mm 均为不合格品。

2. 尺寸 47.94 mm 小于 47.95 mm 为不合格品,尺寸 48.06 mm 大于 48.05 mm 为不合格品。

$$平均尺寸 = \frac{48 + 47.98 + \cdots + 48.02}{33} \approx 48(mm)$$

任务一　数及其运算

一、相反数,绝对值,倒数,分数

1. 知识要点

(1)**相反数**　只有符号不同的两个数中,一个数是另一个数的相反数,零的相反数是零。如:

-5 与 $5, 2\frac{1}{3}$ 与 $-2\frac{1}{3}$。

(2)**绝对值**　正数的绝对值是它本身,负数的绝对值是它的相反数,零的绝对值是零,即:

$$|a| = \begin{cases} a & a > 0 \\ 0 & a = 0 \\ -a & a < 0 \end{cases}$$

(3)**倒数**　乘积是 1 的两个数中,一个数是另一个数的倒数,零没有倒数。如:

-2 与 $-\frac{1}{2}, \frac{1}{3}$ 与 $3, -2\frac{1}{2}$ 与 $-\frac{2}{5}$。

(4)**分数的基本性质**　分子和分母同时乘以(或者除以)同一个不等于零的数,分数的值不变。

$$\text{即}\frac{a}{b} = \frac{a \times c}{b \times c}, \frac{a}{b} = \frac{a \div c}{b \div c}(c \neq 0)$$

（5）分数加减法则

两个分数相加、减时，如果分母相同，那么分母不变，分子相加减，如果分母不相同，那么要利用分数的基本性质进行通分，其最简公分母是两个分母的最小公倍数。如：

$$\frac{1}{5} + \frac{2}{5} = \frac{1+2}{5} = \frac{3}{5} \qquad \frac{1}{3} + \frac{2}{5} = \frac{5}{15} + \frac{6}{15} = \frac{5+6}{15} = \frac{11}{15}$$

（6）分数乘法、除法法则

两个分数相乘时，分子和分母分别相乘，除以一个分数等于乘以这个分数的倒数。如：

$$\frac{1}{3} \times \frac{3}{4} = \frac{1 \times 3}{3 \times 4} = \frac{3}{12} = \frac{1}{4} \qquad \frac{1}{3} \div \frac{3}{4} = \frac{1}{3} \times \frac{4}{3} = \frac{1 \times 4}{3 \times 3} = \frac{4}{9}$$

（7）分数运算律

分数运算满足交换律、结合律和乘法对加法的分配律。如：

$$\frac{2}{3} \times \frac{1}{2} = \frac{1}{2} \times \frac{2}{3} = \frac{1}{3} \qquad \left(\frac{1}{3} \times \frac{1}{4}\right) \times \frac{3}{5} = \left(\frac{1}{3} \times \frac{3}{5}\right) \times \frac{1}{4} = \frac{1}{5} \times \frac{1}{4} = \frac{1}{20}$$

$$12 \times \left(\frac{1}{3} + \frac{1}{4}\right) = 12 \times \frac{1}{3} + 12 \times \frac{1}{4} = 4 + 3 = 7$$

2. 例题

例1　计算

$(1)\dfrac{5}{7} + \dfrac{1}{7}$ $\qquad (2)\dfrac{1}{3} + \dfrac{1}{2}$ $\qquad (3)7\dfrac{1}{3} - \dfrac{2}{3}$

解　$(1)\dfrac{5}{7} + \dfrac{1}{7} = \dfrac{5+1}{7} = \dfrac{6}{7}$

$\qquad (2)\dfrac{1}{3} + \dfrac{1}{2} = \dfrac{2}{6} + \dfrac{3}{6} = \dfrac{5}{6}$

$\qquad (3)7\dfrac{1}{3} - \dfrac{2}{3} = \dfrac{22}{3} - \dfrac{2}{3} = \dfrac{20}{3} = 6\dfrac{2}{3}$

想一想

$(1)\dfrac{1}{3} - \dfrac{1}{2}$ $\qquad (2)6\dfrac{1}{2} - 9\dfrac{2}{3}$

提示：

● 如果分数运算中含有带分数，一般先把带分数化为假分数，然后再进行运算；如果分母不相同的加减运算，通分则是关键步骤，应当选取各分母的最小公倍数为最简公分母。

例2　计算

$(1)\dfrac{4}{5} \div \dfrac{2}{15}$ $\qquad (2)\dfrac{5}{7} \times 2\dfrac{1}{3} \div 1\dfrac{1}{2}$ $\qquad (3)\left(\dfrac{3}{4} - \dfrac{2}{5}\right) \times 20$

解　$(1)\dfrac{4}{5} \div \dfrac{2}{15} = \dfrac{4}{5} \times \dfrac{15}{2} = 2 \times 3 = 6$

$(2) \dfrac{5}{7} \times 2\dfrac{1}{3} \div 1\dfrac{1}{2} = \dfrac{5}{7} \times \dfrac{7}{3} \times \dfrac{2}{3} = \dfrac{10}{9} = 1\dfrac{1}{9}$

$(3) \left(\dfrac{3}{4} - \dfrac{2}{5}\right) \times 20 = \dfrac{3}{4} \times 20 - \dfrac{2}{5} \times 20 = 15 - 8 = 7$

或 $\left(\dfrac{3}{4} - \dfrac{2}{5}\right) \times 20 = \left(\dfrac{15}{20} - \dfrac{8}{20}\right) \times 20 = \dfrac{7}{20} \times 20 = 7$

想一想

$(1) -\dfrac{4}{5} \div \dfrac{2}{15}$

$(2) \dfrac{5}{7} \times \left(-2\dfrac{1}{3}\right) \div \left(-1\dfrac{1}{2}\right)$

$(3) \left(\dfrac{2}{5} - \dfrac{3}{4} + \dfrac{1}{2}\right) \times 100$

提示：

● 进行乘除混合运算时，一般要将除法转化为乘法，要注意运算顺序，运算律的使用会使运算得到简化。

【自己动手 1.1】

1. 填空题

（1）如果小强参加比赛取胜 2 场记作 +2，那么他失败 3 场记作_____；

（2）-（-5）的相反数是_____；|-5.2|=_____；-7 的倒数是_____；

（3）若 $M - 3$ 与 $M - 1$ 互为相反数，则 $M + 2 =$ _____；

（4）$|2a - 1| + |b + 2| = 0$，则 $3a - 2b =$ _____；

2. 计算

$(1) \left(-2\dfrac{1}{3}\right) \div \left(-1\dfrac{1}{2}\right) \times 2\dfrac{1}{4}$

$(2) 23.17 + (-21.32) - (-2.75)$

$(3) \left(8 - 1\dfrac{1}{3} - \dfrac{2}{25}\right) \times \left(-\dfrac{3}{4}\right)$

二、平方根，立方根及根式运算

1. 知识要点

（1）**平方根**　如果一个数的平方等于 a，那么这个数就叫做 a 的平方根，正数 a 的平方根有两个，其中正的平方根叫做 a 的算术平方根，0 的算术平方根是 0。如：$(\pm 3)^2 = 9$，± 3 叫做 9 的平方根，3 叫做 9 的算术平方根。

（2）**立方根**　如果一个数的立方等于 a，那么这个数就叫做 a 的立方根。如：使 $2^3 = 8$，2

叫做8的立方根。

（3）**二次根式** 式子 $\sqrt{a}(a \geqslant 0)$ 叫做二次根式，使二次根式有意义的条件是被开方数为非负数。如：使 $\sqrt{3x-1}$ 有意义的条件是 $3x-1 \geqslant 0$。

（4）**最简二次根式** 满足被开方数不含分母，且不含能开得尽方的因数的二次根式叫做最简二次根式。如：$\sqrt{2a}, 3\sqrt{x}, \frac{1}{4}\sqrt{ab}$ 等。

（5）**同类二次根式** 被开方数相同的最简二次根式叫做同类二次根式。如：$3\sqrt{2}$ 与 $a\sqrt{2}$ 是同类二次根式。

（6）**二次根式的运算** 二次根式的运算法则如下：

①加减法 首先把各个二次根式化成最简二次根式，然后合并同类二次根式。如：$\sqrt{\frac{1}{2}} + 2\sqrt{8} = \frac{1}{2}\sqrt{2} + 4\sqrt{2} = \frac{9}{2}\sqrt{2}$。

②乘法 $\sqrt{a} \cdot \sqrt{b} = \sqrt{ab}$（$a \geqslant 0, b \geqslant 0$）

③除法 $\frac{\sqrt{a}}{\sqrt{b}} = \frac{\sqrt{ab}}{b}$（$a \geqslant 0, b > 0$）

2. 例题

例3 求下列各数的平方根。

(1) 16 　　(2) 0.009 　　(3) $\frac{25}{49}$ 　　(4) $2\frac{1}{4}$

解 （1）因为 $(\pm 4)^2 = 16$ 　　所以 16 的平方根是 ± 4。

（2）因为 $(\pm 0.3)^2 = 0.09$ 　　所以 0.09 的平方根是 ± 0.3。

（3）因为 $\left(\pm \frac{5}{7}\right)^2 = \frac{25}{49}$ 　　所以 $\frac{25}{49}$ 的平方根是 $\pm \frac{5}{7}$。

（4）因为 $2\frac{1}{4} = \frac{9}{4}$，$\left(\pm \frac{3}{2}\right)^2 = \frac{9}{4}$ 　　所以 $2\frac{1}{4}$ 的平方根是 $\pm \frac{3}{2}$。

提示：

● 正数的平方根有两个，它们互为相反数

例4 求下列各式的值。

(1) $\sqrt[3]{-27}$ 　　　　(2) $-\sqrt[3]{-\frac{27}{125}}$ 　　　　(3) $-\sqrt[3]{2\frac{10}{27}}$

解 （1）$\sqrt[3]{-27} = -\sqrt[3]{27} = -3$

（2）$-\sqrt[3]{-\frac{27}{125}} = \sqrt[3]{\frac{27}{125}} = \frac{3}{5}$

（3）$-\sqrt[3]{2\frac{10}{27}} = -\sqrt[3]{\frac{64}{27}} = -\frac{4}{3}$

想一想

$$\sqrt[3]{-64} - \sqrt[3]{-2\frac{10}{27}}$$

提示:

● 一个数的立方根一定唯一存在,即:如果 $a^3 = b$,那么 $a = \sqrt[3]{b}$

例5 问 x 为何值时,下列各式有意义:

(1) $\sqrt{2x-3}$ (2) $\sqrt{3-x}$

解 (1)由题意得 $2x-3 \geq 0$ $x \geq \frac{3}{2}$ 所以,当 $x \geq \frac{3}{2}$ 时,式子 $\sqrt{2x-3}$ 有意义。

    (2)由题意得:$3-x \geq 0$ $x \leq 3$ 所以,当 $x \leq 3$ 时,式子 $\sqrt{3-x}$ 有意义。

想一想

$$\sqrt{2x-5} + \sqrt{6-x}$$

提示:

● 二次根式有意义的条件是被开方数为非负数

例6 计算 $(3-\sqrt{6})(2\sqrt{2}-3\sqrt{3})$

解 $(3-\sqrt{6})(2\sqrt{2}-3\sqrt{3}) = 3 \times 2\sqrt{2} - 3 \times 3\sqrt{3} - \sqrt{6} \times 2\sqrt{2} + \sqrt{6} \times 3\sqrt{3}$

$$= 6\sqrt{2} - 9\sqrt{3} - 4\sqrt{3} + 9\sqrt{2} = 15\sqrt{2} - 13\sqrt{3}$$

想一想

$$(3\sqrt{2} - 2\sqrt{3})(2\sqrt{6} + \sqrt{3})$$

提示:

● 二次根式的混合运算与有理数的混合运算类似,要注意运算顺序及运算律的使用

 【自己动手 1.2】

1. 填空题

(1) 16 的算术平方根是 _____,平方根是 _____;-27 的立方根是 _____。

(2) 当 x _____ 时,$\sqrt{2x-5}$ 有意义。

(3) 当 $m > n$ 时,$\sqrt{(m-n)^2}$ = _____。

(4) 若 $-\sqrt[3]{a} = \sqrt[3]{27}$,则 a = _____。

2. 求下列各数的平方根

(1) $(-4.5)^2$ (2) 169   (3) $1\frac{15}{49}$

3. 计算

（1）$\sqrt{64 \times 0.04}$

（2）$\sqrt{2\frac{2}{5}} \div \sqrt{\frac{3}{10}}$

4. 计算

（1）$(3\sqrt{2} - 2\sqrt{3})(2\sqrt{2} - 3\sqrt{3})$

（2）$2\sqrt{12} - 6\sqrt{\frac{1}{27}}$

三、代数式

1. 做一做

（1）某种水果单价为 5 元/千克，则 m 千克需_____元。

（2）小陈上学步行速度为 4 千米每小时，若小陈家到学校的路程为 S 千米，则他上学需走_____小时。

（3）钢笔每支 a 元，铅笔每支 b 元，买 3 支钢笔和 4 支铅笔共需要_____元。

2. 结论

上述问题中出现的如 $5m, \dfrac{s}{4}, 3a+4b$ 等式子，称它们为代数式

提示：

- 单独一个数或一个字母也是代数式，如：$-3, m$ 等。

3. 例题

例7 填空

（1）长方形的长与宽分别为 m cm，n cm 则该长方形的周长为_____ cm，面积为_____ cm².

（2）圆的半径为 r cm，它的面积为_____ cm²；

（3）小刚在小学六年中共攒了 m 元零花钱，放假后买文具用去 n 元，剩下的钱全部存入银行，则小刚存入银行有_____元。

（4）a, b 两数的平方和减去它们积的 2 倍，用代数式表示为_____。

解　（1）长方形周长为 $2(m+n)$ cm，面积为 mn cm²。

（2）圆的面积为 πr^2 cm²。

（3）小刚存入银行有 $(m-n)$ 元。

（4）用代数式表示为 $a^2 + b^2 - 2ab$。

提示：

- 代数式中出现的乘号，通常写作"·"或省略不写，如 $3 \times a$ 常写作 $3 \cdot a$ 或 $3a$。

- 数字与字母相乘时，数字写在字母的前面，如 $3a$ 一般不写作 $a3$。

- 除法运算写成分数形式，如 $1 \div a$ 常写作 $\dfrac{1}{a}(a \neq 0)$。

【自己动手1.3】

填空题

（1）小兵在军训打靶成绩为 m 环、9 环、10 环、7 环、7 环，则他的平均成绩为_____环；

（2）鸡、兔同笼，鸡有 10 只，兔有 a 只，则共有头_____个，脚_____只；

（3）我校组织全体同学参加国防教育活动，一共有 m 个排，每排 5 个班，每班 10 人，则我校共有_____名同学。

（4）某种汽车用 m 千克油可行 s 千米，则用 n 千克油可行_____千米；

（5）a,b 两数的和与它们的差的乘积用代数式表示为_____。

四、代数式的值

1. 知识要点

（1）**做一做** 三个同学做一个传数游戏，第一同学任意报一个数给第二个同学，第二个同学把这个数加 2，再传给第三个同学，第三个同学把听到数的和的平方，报出答案。若第一个同学报的数是 3，而第三个同学报的答案是 25，你说对吗？

（2）**结论** 我们只需按照 $[x] \rightarrow [x+2] \rightarrow [(x+2)^2]$ 做下去，不难发现，第三个同学报出的答案是正确的，实际上，这是用具体的数 3 代替 $(x+2)^2$ 中的字母 x，然后算出结果：
$$(3+2)^2 = 25$$

（3）**代数式的值** 一般地，用数值代替代数式里的字母，按照代数式中的运算关系计算得出的结果，叫做代数式的值。

2. 例题

例8 当 $a=3,b=-2,c=-3$ 时，求下列各代数式的值：

（1）$a^2 - 4bc$

（2）$a^2 + b^2 + c^2 - 2ab - 2bc - 2ac$

（3）$(a+b+c)^2$

解 （1）当 $a=3,b=-2,c=-3$ 时，
$$a^2 - 4bc = 3^2 - 4 \times (-2)(-3) = 9 - 24 = -15$$

（2）当 $a=3,b=-2,c=-3$ 时，
$$a^2 + b^2 + c^2 - 2ab - 2bc - 2ac$$
$$= 3^2 + (-2)^2 + (-3)^2 - 2 \times 3 \times (-2) - 2 \times (-2) \times (-3) - 2 \times 3 \times (-3)$$
$$= 9 + 4 + 9 + 12 - 12 + 18 = 40$$

（3）当 $a=3,b=-2,c=-3$ 时，
$$(a+b+c)^2 = (3-2-3)^2 = 4$$

例9 某工厂去年的年产值为 m 万元，今年比去年增长了 20%，如果明年仍按这个速度增长，该厂明年的年产值将达到多少万元？如果去年的年产值为 30 万元，那么明年的年产值是多少万元？

解 由题意得，今年的年产值为 $m \times (1 + 20\%)$ 万元，

于是,明年的年产值为 $m \times (1 + 20\%)(1 + 20\%) = 1.44m$(万元)

当 $m = 30$ 万元时,则明年的年产值为: $1.44m = 1.44 \times 30 = 43.2$(万元)

答:该厂明年的年产值为 $1.44m$ 万元。如果去年的年产值为 30 万元,那么明年的年产值是 43.2 万元。

 【自己动手1.4】

1. 根据下列各组 a,b 的值,分别求出代数式 $a^2 + 2ab + b^2$ 的值:

(1) $x = 3, y = -2$

(2) $x = -2, y = -5$

2. 若梯形上底为 a,下底为 b,高为 h,则梯形面积 s 为_____,当 $a = 4$ cm,$b = 6$ cm, $h = 5$ cm 时,梯形面积 s 为_____

3. 填空。完成表格1.2。

表1.2　填空

x	-2			
$3x$		-3		
$\dfrac{1}{x}$			2	-2
x^3			8	

4. A,B 两地相距 m 千米,甲、乙两人分别以 a 千米/时,b 千米/时$(a > b)$的速度从 A 地到 B 地,如果甲先走 2 小时,试用代数式表示甲比乙早到的时间。当 $m = 160, a = 20, b = 16$ 时,求甲比乙早到多少时间?

五、整式的加减

1. 知识要点

(1)**做一做**　某班参加学校歌咏比赛时,第一排站了 a 名学生,从第二排起每一排比前一排多 1 人,一共站了五排,则该班一共有_____名学生参加歌咏比赛。

(2)**结论**　容易知道:第二、三、四、五排人数分别为 $a+1, a+2, a+3, a+4$,故总人数为:

$a + (a+1) + (a+2) + (a+3) + (a+4)$

要把这一个式子进一步化简,实际上是要进行整式的加减运算。

2. 例题

例10　求 $x^2 - 9x - 3$ 与 $-3x^2 + 4x - 2$ 的差

解　$(x^2 - 9x - 3) - (-3x^2 + 4x - 2)$

$= x^2 - 9x - 3 + 3x^2 - 4x - 2 = 4x^2 - 13x - 1$

例11　计算 $-3y^3 + (3xy^2 - 2x^2y) - 3(xy^2 - y^3)$

解　$-3y^3 + (3xy^2 - 2x^2y) - 3(xy^2 - y^3)$

$= -3y^3 + 3xy^2 - 2x^2y - 3xy^2 + 3y^3 = -2x^2y$

3. 整式加减的一般步骤

如果有括号,就先去掉括号;如果有同类项,再合并同类项

例 12 先化简,再求值。

$2(x^2y - xy^2) - 3(xy^2 - 2x^2y)$ 其中 $x = -1, y = -2$

解 $2(x^2y - xy^2) - 3(xy^2 - 2x^2y)$

$= 2x^2y - 2xy^2 - 3xy^2 + 6x^2y = 8x^2y - 5xy^2$

当 $x = -1, y = -2$ 时:

原式 $= 8 \times (-1)^2 \times (-2) - 5 \times (-1) \times (-2)^2 = -16 + 20 = 4$

 【**自己动手 1.5**】

1. 填空题

$(1) 4x - (-2x) = $ _____

$(2) -3x^2 - (-2x^2) = $ _____

$(3) -3xy^2 - 2xy^2 = $ _____

2. 计算

$(1) (3x^2 + 2x - 1) - (2 - x + 3x^2)$

$(2) (4xy - 3y^2) - 5xy - 2(2y^2 - 3xy)$

3. 先化简再求值

$(1) 3a^2 - b^2 + (2a^2 - b^2) - 2(a^2 - 2b^2)$ 其中,$a = -2, b = 3$

$(2) 3(5x^2y - xy^2) - 2(xy^2 + 6x^2y)$ 其中,$x = -\dfrac{1}{2}, y = 2$

六、整式乘法及因式分解

1. 知识要点

(1)**幂** 求几个相同因数的积的运算叫做乘方,乘方的结果叫做幂,在 a^n 中,a 是底数,n 是指数,a^n 是 a 的 n 次方的结果叫做 a 的 n 次幂。如:$2^4 = 2 \times 2 \times 2 = 16$,其中 2 是底数,4 是指数,结果是 2 的 4 次幂。

(2)**幂的运算法则**

①$a^m \cdot a^n = a^{m+n}$ (m, n 为正整数)

②$\dfrac{a^m}{a^n} = a^{m-n}$ ($m > n$ 且为正整数,$a \neq 0$)

③$(a^m)^n = a^{mn}$ (m, n 为正整数)

④$(a \cdot b)^n = a^m \cdot b^n$ (m 为正整数)

(3)**整式乘法** 单项式乘以单项式、单项式乘以多项式、多项式乘以多项式。

(4)**乘法公式**

①平方差公式 $(a + b)(a - b) = a^2 - b^2$

②完全平方公式 $(a \pm b)^2 = a^2 \pm 2ab + b^2$

③立方和、立方差公式 $(a \pm b)(a^2 \mp ab + b^2) = a^3 \pm b^3$

④和(差)的立方公式　$(a \pm b)^3 = a^3 \pm 3a^2 b + 3ab^2 \pm b^3$

(5)**因式分解**　把一个多项式化为几个整式的积的形式,常用的方法有:

①提公因式法

②公式法(逆用乘法公式)

③十字相乘法

④分组分解法

2. 例题

例13　计算　(1)$(-0.25)^9 \times 4^8$　　　　(2)$(ab^2 c)^2 \cdot (a^2 b)^3 \div (a^5 b^6)$

解　(1)$(-0.25)^9 \times 4^8 = (-1)^9 \times 0.25^8 \times 0.25 \times 4^8$

$$= -0.25 \times (4 \times 0.25)^8 = -0.25 \times 1^8 = -0.25$$

(2)$(ab^2 c)^2 \cdot (a^2 b)^3 \div (a^5 b^6)$

$$= (a^2 b^4 c^2) \cdot (a^6 b^3) \div (a^5 b^6) = a^{2+6-5} b^{4+3-6} c^2 = a^3 bc^2$$

想一想

$(-0.125)^{100} \times 8^{102}$

提示:

● 利用幂的乘方法则进行计算时,要注意运算顺序和法则的逆向使用

例14　计算　$(-3a+1)(3a+1)$

解　$(-3a+1)(3a+1) = (1-3a)(1+3a) = 1-(3a)^2 = 1-9a^2$

例15　因式分解　$3x^2 - 2x - 5$

解　$3x^2 - 2x - 5 = (3x-5)(x+1)$

想一想

$2x^2 - 3x - 20$

提示:

● 十字相乘法是二次三项式因式分解的常用方法

例16　因式分解:$x^2 - 4xy + 4y^2 - 6x + 12y$

观察题目的特点,前三项满足差的完全平方公式,后两项有公因式可提,因此可以考虑进行分组分解法。

解　$x^2 - 4xy + 4y^2 - 6x + 12y = (x^2 - 4xy + 4y^2) - (6x - 12y)$

$$= (x-2y)^2 - 6(x-2y) = (x-2y)(x-2y-6)$$

想一想

$x^2 - 4xy - 6x + 4y^2 + 12y - 7$

提示:

● 分组分解法的关键是要明确分组的目的。通常从以下几个方面考虑:

1. 分组后,各组之间存在公因式。

2. 分组后,各组之间具有某个乘法公式的形式。

3. 分组后,各组内具有某个乘法公式的形式。

【自己动手1.6】

1. 填空题

(1) $(3a+2b)^2-(3a-2b)^2=$ _____

(2) $(-0.5b^2c)(4ab^2-b)=$ _____

(3) 如果单项式 $6x^{m-1}y^{m+n}$ 和 $-2x^3y^{2-n}$ 是同类项,那么 $m=$ _____ $n=$ _____

(4) 因式分解 $8-a^3=$ _____

2. 先化简再求值

$(m+n)(m^2-mn+n^2)+n^2(m-n)-m^3$ 其中 $m=-\dfrac{1}{2}$, $n=2$

3. 因式分解

(1) $2x^2-3x-9$ (2) $x^2-2xy+y^2-3x+3y$

(3) $16-4a^2-b^2+4ab$ (4) $3x^2z-4ay^3-3xy+4axy^2z$

七、分式

1. 知识要点

(1) 分式基本性质 $\dfrac{a}{b}=\dfrac{a\cdot c}{b\cdot c};\dfrac{a}{b}=\dfrac{a\div c}{b\div c}(c\neq 0)$

(2) 分式的符号法则 $\dfrac{-a}{-b}=-\dfrac{-a}{b}=-\dfrac{a}{-b}=\dfrac{a}{b};-\dfrac{a}{b}=\dfrac{-a}{b}=\dfrac{a}{-b}$

(3) 分式的运算   分式的运算如下:

① 加减法 $\dfrac{a}{c}\pm\dfrac{b}{c}=\dfrac{a\pm b}{c};\quad \dfrac{a}{b}\pm\dfrac{c}{d}=\dfrac{ad\pm bc}{bd}$

② 乘除法 $\dfrac{a}{b}\times\dfrac{c}{d}=\dfrac{ac}{bd};\quad \dfrac{a}{b}\div\dfrac{c}{d}=\dfrac{a}{b}\cdot\dfrac{d}{c}=\dfrac{ad}{bc}$

③ 乘方 $\left(\dfrac{a}{b}\right)^n=\dfrac{a^n}{b^n}$

2. 例题

例17   当 $m=-4$ 时,求 $\dfrac{m+1}{m^2+m-2}\div\left(m-2+\dfrac{3}{m+2}\right)$ 的值。

解 $\dfrac{m+1}{m^2+m-2}\div\left(m-2+\dfrac{3}{m+2}\right)$

$=\dfrac{m+1}{(m+2)(m-1)}\div\dfrac{(m+2)(m-2)+3}{m+2}=\dfrac{m+1}{(m+2)(m-1)}\cdot\dfrac{m+2}{m^2-1}$

$=\dfrac{m+1}{(m+2)(m-1)}\cdot\dfrac{m+2}{(m+1)(m-1)}=\dfrac{1}{(m-1)^2}$

当 $m=-4$ 时,原式 $=\dfrac{1}{(-4-1)^2}=\dfrac{1}{25}$

提示：

> ● 分式的混合运算与数的混合运算类似，具有相同的运算律，注意运算顺序，通常先化简，再求值。

例18 已知 $\dfrac{x}{3}=\dfrac{y}{4}=\dfrac{z}{5}$，求 $\dfrac{x+y-z}{4x}$ 的值。

解 设 $\dfrac{x}{3}=\dfrac{y}{4}=\dfrac{z}{5}=m$

则 $x=3m,y=4m,z=5m$

故 $\dfrac{x+y-z}{4x}=\dfrac{3m+4m-5m}{4\times 3m}=\dfrac{2m}{12m}=\dfrac{1}{6}$

想一想

已知 $\dfrac{x}{2}=\dfrac{y}{3}=-\dfrac{z}{4}$，求 $\dfrac{2x-3y+5z}{3x-4y-z}$ 的值。

例19 已知 $x-\dfrac{1}{x}=3$，求 $x^2+\dfrac{1}{x^2}$ 的值。

解 $x-\dfrac{1}{x}=3$；所以 $\left(x-\dfrac{1}{x}\right)^2=3^2$；即 $x^2-2+\dfrac{1}{x^2}=9$；故 $x^2+\dfrac{1}{x^2}=11$

想一想

已知 $3a-\dfrac{1}{3a}=5$，求 $a^2+\dfrac{1}{a^2}$ 的值。

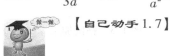 【自己动手1.7】

1. 填空题

(1) 分式 $\dfrac{x+2}{2x-3}$，当 $x=$ _____ 时无意义，当 $x=$ _____ 时值为零。

(2) 计算 $\dfrac{10}{a^2-9}+\dfrac{3}{3-a}=$ _____

(3) 如果 $\dfrac{x^2-7x-8}{x+1}=0$，则 $x=$ _____

2. 如果 $\dfrac{x}{3}=\dfrac{y}{2}=\dfrac{z}{4}$，求 $\dfrac{2x-y-3z}{3x}$ 的值

3. 计算下列各式

(1) $\dfrac{x^2-y^2}{ax+ay-bx-by}$；(2) $\dfrac{x^2+x-6}{x-3}\div\dfrac{x+3}{x^2-x-6}$；(3) $\dfrac{m}{m+2n}-\dfrac{n}{3m-n}$

八、专业实例

1. 专业实例1

要在一圆盘端面上划出正七边形，采用简单分度法。求每画一条线后，手柄应转几周后再

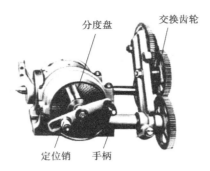

图 1.2　分度头构造

想一想

画其他正多边形呢？

2. 专业实例 2

用直径为 12 mm 的钻头，以 640 r/min 的转速钻孔，求钻孔时的切削速度 V？钻削加工如图 1.3 所示。

（1）**分析**

钻孔时的切削速度 $V = \dfrac{\pi D n}{1\,000}$，

式中　V——钻孔时的切削速度，其单位是 m/min。

　　　D——钻头直径，其单位是 mm。

　　　n——钻床转速，其单位是 r/min。

（2）**答案**

解　$V = \dfrac{\pi D n}{1\,000} = \dfrac{3.14 \times 12 \times 640}{1\,000} \approx 24\,(\text{m/min})$

答：钻孔时的切削速度为 24 m/min。

想一想

在 $V = \dfrac{\pi D n}{1\,000}$ 公式中，若已知其他两个量，你能计算第三个量吗？

3. 专业实例 3

试用计算法和查表法确定攻螺纹前钻底孔的钻头直径。表 1.3 为攻螺纹前钻底孔的钻头直径。钻头结构如图 1.4 所示。

画第二条线？分度头构造如图 1.2 所示。（分度盘：22,27,29,31,37,49,53,63）

（1）**分析**　所求转数可用公式 $n = \dfrac{40}{z}$ 计算，其中 z 表示等份数。

（2）**答案**

解　$n = \dfrac{40}{z} = \dfrac{40}{7} = 5\,\dfrac{5}{7} = 5\,\dfrac{45}{63}$

答：分度盘手柄应先转 5 周后，再在分度盘孔数为 63 的孔圈上转过 45 个孔距数。

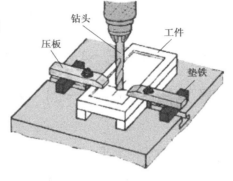

图 1.3　钻削加工

表 1.3　攻螺纹前钻底孔的钻头直径

螺纹直径 D/mm	螺距 P/mm	钻头直径 d_0/mm	
		铸铁、青铜、黄铜	钢、可锻铸铁、紫铜
12	1.75	10.1	10.2
	1.5	10.4	10.5
	1.25	10.6	10.7
	1	10.9	11

图 1.4 钻头结构

（1）在钢件上攻 M12 的螺纹。（2）在铸铁上攻 M12 的螺纹。

①分析 用计算法计算的公式为：

钢 $d_o = D - P$ 铸铁 $d_o = D - (1.05 - 1.1)P$

式中 D——螺纹直径

P——螺距。

②答案

解 a. 钢

计算法 $d_o = D - P = 12 - 1.75 = 10.25(\text{mm})$

查表法 螺纹直径 12 - 螺距 1.75 - 钻头直径（钢、可锻铸铁、紫铜），得 $d_o = 10.2 \text{ mm}$。

b. 铸铁

计算法 $d_o = D - (1.05 - 1.1)P = 12 - (1.05 - 1.1) \times 1.75 = 10.16 - 10.07(\text{mm})$

查表法 螺纹直径 12 - 螺距 1.75 - 钻头直径（铸铁、青铜、黄铜），得 $d_o = 10.1 \text{ mm}$。

答：在钢样上钻底孔的钻头直径计算法为 10.25 mm，查表法为 10.2 mm。

在铸铁上钻底孔的钻头直径计算法为 10.16 - 10.07 mm，查表法为 10.1 mm。

 【自己动手1.8】

1. 已知一个标准直齿圆柱齿轮的模数 $m = 2.5 \text{ mm}$，齿数 $z = 36$，试计算该齿轮的分度圆直径 d、齿顶圆直径 d_a 及齿根圆直径 d_f。齿轮的分度圆直径、齿顶圆直径和齿根圆直径，如图1.5 所示。

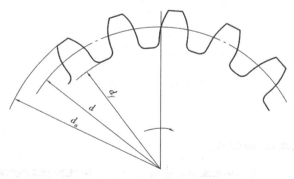

图 1.5 齿轮的直径

● 标准直齿圆柱齿轮直径的大小可用下面的公式计算：

（1）齿轮的分度圆直径 $d = mz$

（2）齿轮的齿顶圆直径 $d_a = m(z+2)$

（3）齿轮的齿根圆直径 $d_f = m(z-2.5)$

● 公式的详细含义请参考《机械基础》的相关教材

2. 相啮合的一对标准直齿圆柱齿轮，转速 $n_1 = 900$ r/min，转速 $n_2 = 300$ r/min。$a = 200$ mm，$m = 5$ mm，求齿数 z_1 和 z_2。图 1.6 所示为齿轮啮合图形。

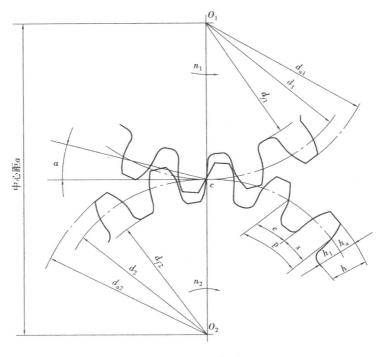

图 1.6　齿轮啮合图

提示：

● 转速与齿数成反比，有公式：

（1）$n_1/n_2 = z_2/z_1$　　（2）中心距 $a = \dfrac{1}{2}m(z_1 + z_2)$ 用这两式即可求出 z_1 和 z_2

● 公式的详细含义请参考《机械基础》的相关教材

3. 上海桑塔纳 JV 型汽油发动机有 4 个气缸，缸径 $D = 81$ mm，活塞行程 $s = 86.4$ mm，计算每缸工作容积和发动机排量（容积以升为单位）。图 1.7 所示为活塞运行示意图。

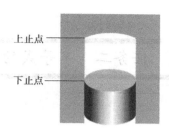

图 1.7　活塞运行示意图

提示:

●上、下止点之间的距离叫活塞行程,上、下止点之间的容积叫每缸工作容积,每缸工作容积乘以气缸数叫发动机排量

●公式的详细含义请参考《汽车构造》的相关教材

4. 某汽车减速器的 1 档传动路线如图 1.8 所示,已知 $Z_1=38, Z_2=56, Z_3=40, Z_4=71$,试计算 1 档的传动比。若输入轴的速度为 $n_1=800\ \text{r/min}$,求输出轴的速度 n_2 为多少?

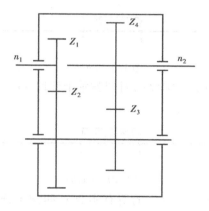

图 1.8　汽车减速器传动路线

提示:

●传动比用字母 i 表示,本题 $i=n_1/n_2=\dfrac{z_2\times z_4}{z_1\times z_3}$

●公式的详细含义请参考《机械基础》的相关教材

任务二 不等式的运算

一、一元一次不等式

1. 知识要点

（1）**一元一次不等式** 只含有一个未知数,且未知数的次数是1,系数不为零的不等式叫作一元一次不等式。如:$3x > 6$,得 $x > 2$。

（2）**一元一次不等式的性质** 当不等式的两边同时乘以或除以同一个正数时,不等号的方向不变;当不等式的两边同时乘以或除以同一个负数时,不等号方向要改变。如:$-3x > 6$,得 $x < -2$。

（3）**区间** 设 a,b 是两个实数,并且 $a < b$,规定:

①满足不等式 $a \leqslant x \leqslant b$ 的所有实数 x,对应数轴上线段 ab 上的所有点,**叫做闭区间**,记为:$[a,b]$,如图 1.9 所示。

图 1.9 $[a,b]$

②满足不等式 $a < x < b$ 的所有实数 x,对应数轴上线段 ab 上的不包括端点的所有点,**叫做开区间**,记为:(a,b),如图 1.10 所示。

图 1.10 (a,b)

③满足不等式 $a \leqslant x < b$ 或 $a < x \leqslant b$ 的所有实数 x,**叫做半开半闭区间**,分别记为 $[a,b)$ 或 $(a,b]$,如图 1.11,1.12 所示。

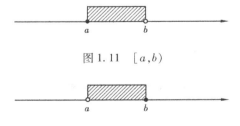

图 1.11 $[a,b)$

图 1.12 $(a,b]$

④实数集 R 用区间表示为 $(-\infty, +\infty)$,"∞"读作"无穷大"。"$-\infty$"读作"负无穷大","$+\infty$"读作"正无穷大"。

⑤把满足 $x \geqslant a, x > a, x \leqslant b$ 或 $x < b$ 的所有实数 x 分别表示为 $[a, +\infty), (a, +\infty), (-\infty, b]$ 或 $(-\infty, b)$,如图 1.13,1.14,1.15,1.16 所示。

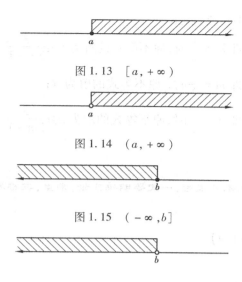

图 1.13　$[a,+\infty)$

图 1.14　$(a,+\infty)$

图 1.15　$(-\infty,b]$

图 1.16　$(-\infty,b)$

上述各区间的实数 a 与 b 都叫做相应区间的端点。

2. 例题

例 20　解不等式并用数轴表示解

$$\frac{2x-1}{3} \geqslant \frac{x+2}{4}-1$$

解　去分母得　$4(2x-1) \geqslant 3(x+2)-12$

去括号得　$8x-4 \geqslant 3x+6-12$

移项得　$8x-3x \geqslant 6-12+4$

整理得　$5x \geqslant -2$

两边同除以 5 得　$x \geqslant -\dfrac{2}{5}$

所以原不等式的解为 $\left[-\dfrac{2}{5},+\infty\right)$

数轴表示,如图 1.17 所示

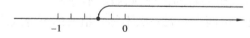

图 1.17　例 20 答案的数轴表示

提示:

● 解一元一次不等式的一般步骤为:去分母,去括号,移项,合并同类项,未知数系数变为 1。

例 21　解关于 x 的不等式 $3mx-4 \leqslant 2-(m-2)x$

解　移项得　$3mx+(m-2)x \leqslant 2+4$

19

合并同类项得　$(4m-2)x \leqslant 6$

（1）当 $4m-2>0$，即 $m>\dfrac{1}{2}$ 时，原不等式的解为 $x \leqslant \dfrac{3}{2m-1}$

（2）当 $4m-2=0$，即 $m=\dfrac{1}{2}$ 时，原不等式的解为 R；

（3）当 $4m-2<0$，即 $m<\dfrac{1}{2}$ 时，原不等式的解为 $x \geqslant \dfrac{3}{2m-1}$

提示:

● 在解含字母系数的不等式时，一定要明确变量、常量，在将未知数的系数化为 1 时，要逐一进行讨论。

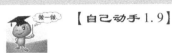【自己动手 1.9】

解下列不等式，并用区间表示

1. $3(5-x)<2-x$

2. $\dfrac{3x+1}{2} \geqslant \dfrac{3x-2}{3}$

3. $\dfrac{3x-1}{4} \leqslant \dfrac{x+2}{3}-1$

4. $2x-\dfrac{x}{2}+\dfrac{x-1}{3}>1-\dfrac{x-2}{6}$

二、一元一次不等式组

1. 知识要点

（1）一元一次不等式组的几个概念

①一元一次不等式组　含有相同未知数的几个一元一次不等式所组成的不等式组，叫做一元一次不等式组。

②不等式组的解　不等式组中各个不等式的解的公共部分，叫做这个不等式组的解。

③解不等式组　求不等式组的解的过程，叫做解不等式组。

（2）不等式组解的情况　由两个一元一次不等式组成的不等式组解的情况，如下：

其中 $a<b$

① $\begin{cases} x \geqslant a \\ x \geqslant b \end{cases}$ 的解为 $x \geqslant b$

② $\begin{cases} x \geqslant a \\ x \leqslant b \end{cases}$ 的解为 $a \leqslant x \leqslant b$

③ $\begin{cases} x \leqslant a \\ x \leqslant b \end{cases}$ 的解为 $x \leqslant a$

④ $\begin{cases} x \leqslant a \\ x \geqslant b \end{cases}$ 无解

2. 例题

例 22　解不等式组 $\begin{cases} 2(x-2) \leqslant 3(6-x) & (1) \\ \dfrac{2x+3}{4} < 3x-2 & (2) \end{cases}$

解　解不等式 $2(x-2) \leqslant 3(6-x)$　得 $x \leqslant \dfrac{22}{5}$

解不等式 $\dfrac{2x+3}{4} < 3x-2$　得 $x > \dfrac{11}{10}$

所以 $\dfrac{11}{10} < x \leqslant \dfrac{22}{5}$　所以，原不等式组的解为：$\left(\dfrac{11}{10}, \dfrac{22}{5} \right]$

提示:

● 解一元一次不等式组时，要分别求出不等式组中各个不等式的解，然后找出这些解的公共部分，最后写出不等式组的解

【自己动手 1.10】

解不等式组

1. $\begin{cases} 2-3x < 8 \\ 4x-6 \geqslant x+2 \end{cases}$；　　2. $\begin{cases} 3x+1 < 2x-2 \\ 2(x+1) \geqslant 4x-6 \end{cases}$；　　3. $\begin{cases} 6x+1 \geqslant 4x+2 \\ \dfrac{2x-1}{5} > \dfrac{x+1}{2} \end{cases}$；

4. $\begin{cases} x+2 > 0 \\ x-2 \leqslant 0 \\ x-4 < 0 \end{cases}$

三、专业实例

1. 专业实例 1

如图 1.18 所示，一圆形杆件下挂一个重物 $M,M = 5$ kN，已知圆形杆件的直径 $d = 8$ mm，许用应力 $[\delta] = 40$ MPa，试校核该杆件的强度。若强度不够，应选直径至少多粗的圆形杆件？

（1）**分析**。单位面积上的作用力称为应力，强度够的条件是实际应力 $\leqslant$ 许用应力。

（2）**答案**

解　$\delta = \dfrac{F}{A} = \dfrac{5 \times 10^3}{3.14 \times 8^2/4} \approx 99.5\,(\text{MPa}) > [\delta] = 40$ MPa，该杆件强度不够。

由公式 $\delta = \dfrac{F}{A} \leqslant [\delta]$ 有 $\dfrac{5 \times 10^3}{3.14 \times d^2/4} \leqslant 40, d \geqslant 12.6\,(\text{mm})$

答：应选直径至少大于 12.6 mm 的圆形杆件。

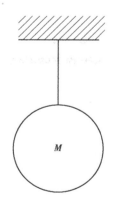

图 1.18　杆件强度校核

2. 专业实例2

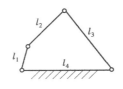

图 1.19　铰链四杆机构

如图 1.19 所示的铰链四杆机构,已知 $l_1 = 200$ mm,$l_2 = 300$ mm,$l_3 = 400$ mm,若该机构中要存在一个曲柄,试计算 l_4 的长度范围。

(1)分析。存在一个曲柄的条件是

$\begin{cases}①最短杆与最长杆长度之和,小于或等于其余二杆长度之和;\\②曲柄为最短杆。\end{cases}$

(2)参考答案

解　由

$l_1 + l_3 \le l_2 + l_4$

$l_1 + l_4 \le l_2 + l_3$　有

$200 + 400 \le 300 + l_4$,　$l_4 \ge 300$ mm

$200 + l_4 \le 300 + 400$,　$l_4 \le 500$ mm

所以,300 mm$\le l_4 \le 500$ mm。

答:l_4 的长度范围为 $300 \sim 500$ mm。

【自己动手1.11】

1. 有一根横截面积为 1 mm^2 的绳子,其许用应力大小为 2 MPa,试问用多大的力才能将该绳子拉断?

2. 如图 1.20 所示为称的示意图,试问右边重物为多重才能保证秤砣不往左面滑出去?

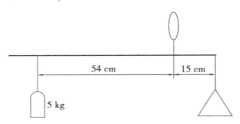

图 1.20　秤示意图

3. 想一想

天平称重的原理?

任务三 求 和

一、求和

1. 知识要点

（1）**和式**。一般地，对于一列数 $\{a_n\}$，我们把 $a_1 + a_2 + \cdots + a_n$ 叫做这列数 $\{a_n\}$ 的前 n 项和，记作 s_n，即：

$$S_n = a_1 + a_2 + \cdots + a_n \qquad 简记为：\sum_{i=1}^{n} a_i。$$

我们把 $\sum_{i=1}^{n} a_i$ 叫做**和式**，其中：

① $\sum$ 叫做**连加号**。

② a_i 表示加数的**一般项**，如果这列数有通项公式，一般项 a_i 可以写成通项公式的形式。

③ i 叫做**求和指标**，连加号的上、下标表示求和指标的取值，依自然数的顺序由 1 取到 n。

（2）**和式的运算性质**。和式的运算性质如下：

① $\sum_{i=1}^{n} (a_i + b_i) = \sum_{i=1}^{n} a_i + \sum_{i=1}^{n} b_i$

② $\sum_{i=1}^{n} ka_i = k \sum_{i=2}^{n} a_i$

③ $\sum_{i=1}^{n} a = na$

（3）**平均数**。一般地，如果有 n 个数 $x_1, x_2, \cdots, x_n$，那么

$$\bar{x} = \frac{1}{n}(x_1 + x_2 + \cdots + x_n) = \frac{1}{n} \sum_{i=1}^{n} x_i,$$

叫做这 n 个数的平均数，$\bar{x}$ 读作"x 拔"

特别地，对于两个数 a, b，$\dfrac{a+b}{2}$ 叫做 a 与 b 的**算术平均数**。

（4）**方差**。$S^2 = \dfrac{1}{n-1}\left[(x_1 - \bar{x})^2 + (x_2 - \bar{x})^2 + \cdots + (x_n - \bar{x})^2\right] = \dfrac{1}{n-1} \sum_{i=1}^{n} (x_i - \bar{x})^2$

叫做方差。方差越大，说明数据波动越大。

（5）**标准差**。方差的算术平方根 $S = \sqrt{\dfrac{1}{n-1} \sum_{i=1}^{n} (x_i - \bar{x})^2}$ 叫做标准差。标准差也是衡量数据波动大小的重要量。

2. 例题

例23 已知一列数 $\{a_n\}$ 的通项公式为 $a_n = n(n+2)$，试求这列数前 5 项的和。

解 $S_5 = \sum_{i=1}^{5} a_i = \sum_{i=1}^{5} i(i+2)$

$$= 1 \times (1 + 2) + 2 \times (2 + 2) + 3 \times (3 + 2) + 4 \times (4 + 2) + 5 \times (5 + 2)$$
$$= 3 + 8 + 15 + 24 + 35 = 85$$

例24 某班10名学生数学测验成绩如下:65,84,47,78,92,68,73,58,88,75;问这个班的平均成绩是多少? 方差及标准差分别是多少?

解 这个班的平均成绩为:

$$\bar{x} = \frac{65 + 84 + 47 + 78 + 92 + 68 + 73 + 58 + 88 + 75}{10} = 72.8$$

方差为:$S^2 = \frac{1}{10 - 1} \sum_{i=1}^{10} (x_i - \bar{x})^2$

$$= \frac{1}{9} \left[(65 - 72.8)^2 + (84 - 72.8)^2 + \cdots + (75 - 72.8)^2 \right]$$

$$= \frac{1}{9} \times (60.84 + 125.44 + \cdots + 4.84) = \frac{1}{9} \times 1\,725.6 \approx 191.73$$

标准差 $S = \sqrt{S^2} = \sqrt{191.73} \approx 13.85$

【自己动手1.12】

1. 求 -1 与 5 的算术平均数

2. 求 $\sum_{i=1}^{6} (i + 3)$ 的值

3. 科研人员从小麦地里随机抽取10株,测得各株高为(单位:cm):75,71,79,82,77,80,78,79,84,75;求平均数、方差及标准差。

4. 某工人在一次技能比赛中,生产的零件质量评分分别为:95,95,93,96,96,95,97,94,94,95;求其平均数、方差及标准差。

二、专业实例

车工加工一批尺寸为 $\phi 8_{-0.10}^{-0.03}$ 的轴,实测尺寸如下:

7.938　7.930　7.938　7.914　7.924

7.930　7.925　7.930　7.930　7.925

求平均尺寸、方差及标准差。

解 平均尺寸

$$\bar{x} = \frac{7.938 + 7.930 + 7.938 + 7.914 + 7.924 + 7.930 + 7.925 + 7.930 + 7.930 + 7.925}{10}$$

$$= 7.928$$

方差 $S^2 = \frac{1}{10 - 1} \sum_{i=1}^{10} (x_i - \bar{x})^2$

$$= \frac{1}{9} \left[(7.938 - 7.928)^2 + (7.930 - 7.928)^2 + \cdots + (7.925 - 7.928)^2 \right]$$

$$= \frac{1}{9} \times (0.000\,1 + 0.000\,004 + \cdots + 0.000\,009)$$

$= 0.000\ 049\ 56$

标准差 $S = \sqrt{S^2} = \sqrt{0.000\ 049\ 56} \approx 0.007$

【自己动手1.13】

某职业中学06级机械高考班的月考成绩如下,问这个班的平均成绩是多少? 方差及标准差分别是多少?

90 69 84 74 75 81 91 45 87 36 73 77 65 45 95 37 74 53 37
90 64 82 17 88 42 82 66 60 69 78 92 45 57 42 88 68 68 72 63

*任务四　正态分布

一、正态分布

1. 正态分布的含义

如果以产品质量特性（重量、尺寸、直径、强度、学生成绩等）作为横坐标，以产品数量为纵坐标，当这批产品数量比较多的时候，在正常情况下的分布规律就呈正态分布曲线。它的数学方程式是

$$F(x) = \frac{1}{\sqrt{2\pi}\sigma} e^{-\frac{(x-\bar{x})^2}{2\sigma^2}}$$

式中　F——正态分布曲线的纵坐标值；

X——正态分布曲线的横坐标值；

$\bar{X}$——各种尺寸、重量、成绩等的算术平均值；

σ——各种尺寸、重量、成绩等的标准差。

2. 正态分布曲线的性质

正态分布曲线的性质，如图 1.21 所示。

（1）分布曲线以算术平均值为中心，左右对称分布。

（2）当 $X = \bar{X}$ 时，曲线处于最高点，当 X 向左右远离时，曲线不断地降低，整个曲线呈现中间高、两边低的形状。

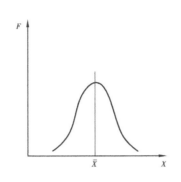

图 1.21　正态分布曲线

3. 正态分布例题

例 25　某职教中心 06 级机械高考班钳工的月考成绩如下：

78	74	93	78	99	98	73	82	75	87
93	83	60	65	81	75	73	72	78	88
73	79	72	54	70	80	60	73	74	69
65	56	73	63	73	75	76	66	58	86

请作出以上成绩的分布图。

解　（1）找出数据中的最大值和最小值。最大值为 100，最小值为 54。

（2）分组求组距。组距 =（最大值 - 最小值）/组数　本例组数分为 5 组。

$$组距 =（99 - 54）/5 = 11（取整数）$$

（3）决定组界。用最小值 ±（组距/2）开始设置组界。

第 1 组　49.5 ~ 58.5　第 2 组　58.5 ~ 67.5　第 3 组　67.5 ~ 76.5

第 4 组　76.5 ~ 85.5　第 5 组　85.5 ~ 94.5　第 6 组　94.5 ~ 103.5

（4）作频数分布表。见表 1.4

表 1.4 频数分布表

组 号	组 距	频 数	平均值
1	49.5~58.5	3	
2	58.5~67.5	6	
3	67.5~76.5	16	75
4	76.5~85.5	8	
5	85.5~94.5	5	
6	94.5~103.5	2	

（5）画直方图。如图 1.22 所示。

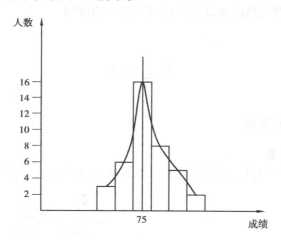

图 1.22 直方图

项目二　三角函数和矢量的解法

项目内容：　1. 矢量
　　　　　　2. 勾股定理
　　　　　　3. 三角函数
　　　　　　4. 相似三角形
项目目的：　1. 掌握矢量及矢量在机械制造中的应用
　　　　　　2. 掌握三角函数及其在机械制造中的应用
项目实施过程

专业引入

一、矢量在机械中的应用

1. 力的表示法及要素

力可以用一定比例的矢量来表示,这种方法称作力的图示法,如图 2.1 所示;

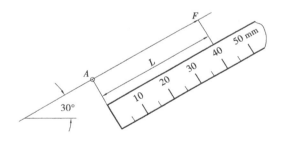

图 2.1　力的图示法

力对物体作用的三要素是：

（1）**力的大小**,用矢量的长度表示。

（2）**力的方向**,在矢量之端用箭头,并与水平线或垂直线的夹角表示。

（3）**力的作用点**,可沿作用线任意移动,常取线段的起点或终点。

力图示法的矢量长度可由下列公式计算：

$$L = \frac{F}{M_K}$$

式中　L——矢量长度,mm；

　　　F——力,N；

　　　M_K——单位长度表示的力,N/min。

2. 示例

例1 如图 2.1 所示，$F = 200$ N，与水平线夹角 $\alpha = 30°$，取单位力 $M_K = 5$ N/mm。求矢量力的长度。

解 $L = \dfrac{F}{M_K} = \dfrac{200}{5} = 40$

作用在同一个物体上的一组力，称为力系。若用一个力 F 替代一个力系，则此力为该力系的合力。由已知力系求合力的过程称为力系的合成。

例2 如图 2.2 所示工件吊运高度为 150 mm，吊运倾角 $\alpha = 35°$，水平速度 $V_x = 200$ mm/min，试求垂直上升速度 V_y，以及合成起吊速度 V。

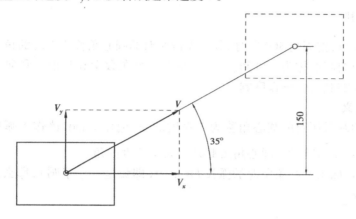

图 2.2 起吊工件

解 $V_y = \tan 35° \times V_x = 200 \times 0.7 = 140$

$V = \cos 35° \times V_x = 200 \times 0.574 = 114.8$

垂直上升速度 $V_y = 140$ mm/min

合成起吊速度 $V = 114.8$ mm/min

二、三角形计算在机械中的应用

例3 加工如图 2.3 所示的开口槽，求控制尺寸 x。

解 通过圆弧圆心 O 作连线，构建出一直角三角形 $\triangle OAB$。如图 2.4 所示。

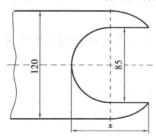

图 2.3 开口槽

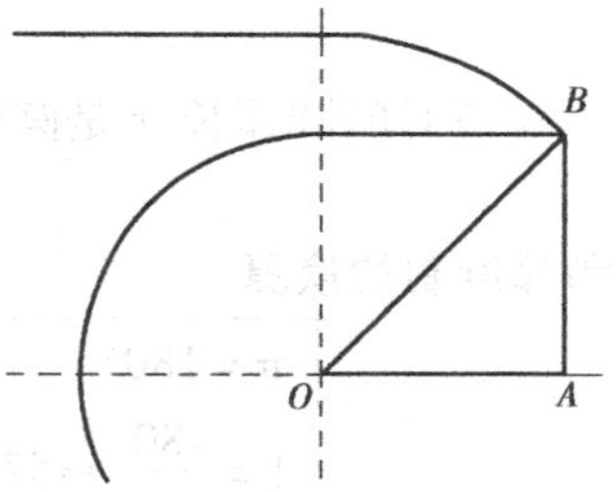

图 2.4 构建一直角三角形 $\triangle OAB$

$\triangle OAB$ 中 $AB = 85/2 = 42.5$ $OB = 120/2 = 60$

OA 的距离可利用勾股定律求出

$OA = \sqrt{OB^2 - AB^2} = \sqrt{60^2 - 42.5^2} = 42.35$

控制尺寸 x 的大小等于 OA 和圆弧半径的和

即: $x = OA + AB = 42.35 + 42.5 = 84.85$

任务一 角和弧度制

一、角和弧度制

我们在初中知道,把周角 360 等分,其中 1 份所对的圆心角称为 1 度的角,记作 1°,这种用度作单位来度量角的制度称为角度制。下面,我们介绍在数学和其他学科研究中还要经常用到的另一种度量角的制度——弧度制。

1.1 弧度的定义

等于半径长的圆弧所对的圆心角称为 1 弧度的角,记作 1 rad,读作 1 弧度。如图 2.5 所示 $\overparen{AB}$ 的长等于半径 r,$\overparen{AB}$ 所对的圆心角 $\angle AOB$ 就是 1 弧度的角。

如图 2.6 所示,如果圆心角所对的弧长 $l = \pi \cdot r$(即弧是一个半圆),那么这个圆心角的弧度数是: $\dfrac{l}{r} = \dfrac{\pi \cdot r}{r} = \pi$

图 2.5 1 弧度的定义

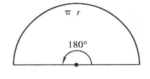

图 2.6

2. 弧度制的定义

一般地,我们规定:正角的弧度数为正数,负角的弧度数为负数,零角的弧度数为零,于是,任意一个已知角 α 的弧度数的绝对值公式为

$$|\alpha| = \frac{l}{r}$$

其中,l 是角 α 所对的圆弧长,r 是圆的半径。这种用弧度作单位来度量角的制度称为弧度制。

显然 $l = |\alpha| \cdot r$

3. 角和弧度制的换算

$$\pi = 180°$$

$$1 = \frac{180°}{\pi} \approx 57°18' = 57.3°$$

$$1° = \frac{\pi}{180} \approx 0.017\,45$$

二、角与弧度制示例

例 4 把下例各角用弧度制写出

$30°, 90°, 120°, 150°, 270°, -30°$

解 因为 $1° = \dfrac{\pi}{180}$；所以 $30° = 30 \times \dfrac{\pi}{180} = \dfrac{\pi}{6}$；$90° = 90 \times \dfrac{\pi}{180} = \dfrac{\pi}{2}$；$120° = 120 \times \dfrac{\pi}{180} = \dfrac{2}{3}\pi$；

$150° = 150 \times \dfrac{\pi}{180} = \dfrac{5}{6}\pi$；$270° = 270 \times \dfrac{\pi}{180} = \dfrac{3}{2}\pi$；$-30° = -30 \times \dfrac{\pi}{180} = -\dfrac{\pi}{6}$

例 5 把下例各角用角度制写出来

$\dfrac{7\pi}{6}, \dfrac{4\pi}{3}, \dfrac{5\pi}{4}, -\dfrac{11\pi}{6}$

解 因为 $\pi = 180°$；所以 $\dfrac{7\pi}{6} = \dfrac{7}{6} \times 180° = 210°$；$\dfrac{4\pi}{3} = \dfrac{4}{3} \times 180° = 240°$；$\dfrac{5\pi}{4} = \dfrac{5}{4} \times 180° = $

$225°$；$-\dfrac{11\pi}{6} = -\dfrac{11}{6} \times 180° = 330°$

提示:

● **角度与弧度常见对应关系表**2.1

表 2.1 角度与弧度常见对应关系表

度	0°	30°	45°	60°	90°	120°	135°	150°	180°	270°	360°
rad	0	$\dfrac{\pi}{6}$	$\dfrac{\pi}{4}$	$\dfrac{\pi}{3}$	$\dfrac{\pi}{2}$	$\dfrac{2}{3}\pi$	$\dfrac{3}{4}\pi$	$\dfrac{5}{6}\pi$	π	$\dfrac{3}{2}\pi$	2π

【自己动手2.1】

1. 把下列各角用弧度制写出：

$10°, 15°, 75°, 105°, 195°, -50°$

2. 把下列各角用角度制写出：

$\dfrac{\pi}{6}, \dfrac{11\pi}{6}, -\dfrac{5\pi}{4}, -\dfrac{7\pi}{4}$

任务二　三角函数

一、解直角三角形

1.勾股定理

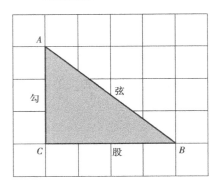

$$AC^2 + BC^2 = AB^2 \Rightarrow AB = \sqrt{AC^2 + BC^2}$$

图2.7　勾股定理

（1）**勾股定理起源**。中国古代把直角三角形中较短的直角边叫做勾,较长的直角边叫做股,斜边叫做弦。如图2.7。

据《周髀算经》记载,西周开国时期,有个叫商高的人对周公说,把一根直尺折成直角,两端连接得一个直角三角形,如果勾是3,股是4,那么弦等于5。

直角三角形图勾是3,股是4,那么弦是5。

在直角三角形中,人们还发现:勾是6,股是8,那么弦等于10;勾是5,股是12,那么弦等于13,等等,而$3^2 + 4^2 = 5^2, 6^2 + 8^2 = 10^2, 5^2 + 12^2 = 13^2, \cdots$,即勾^2 + 股^2 = 弦^2,是不是所有的直角三角形都有这个性质呢?世界上许多数学家,先后用不同方法证明了这一性质,

我国把它称为勾股定理。

（2）**勾股定理内容**。直角三角形两直角边 a, b 的平方和,等于斜边 c 的平方,即:$a^2 + b^2 = c^2$

2.解直角三角形

在直角三角形中,除直角外,一共有5个元素,即3条边和2个锐角。由直角三角形中除直角外的已知元素,求出所有未知元素的过程,叫做解直角三角形。

我们知道,如图2.8所示,如果 $\triangle ABC$ 中,$\angle C$ 为直角,$\angle A, \angle B, \angle C$ 所对的边分别为 a, b, c,那么除直角 C 外,其余的5个元素之间有以下关系:

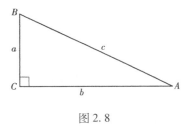

图2.8

（1）**三边之间的关系**;$a^2 + b^2 = c^2$（勾股定理）:

（2）**锐角之间的关系**;$\angle A + \angle B = 90°$:

（3）**边角之间的关系**;边角之间的关系有:

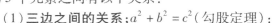

$\sin A = \dfrac{a}{c}\left(\dfrac{\angle A \text{ 的对边}}{\text{斜边}}\right)$,

$\cos A = \dfrac{b}{c}\left(\dfrac{\angle A \text{ 的邻边}}{\text{斜边}}\right)$,

$\tan A = \dfrac{a}{b}\left(\dfrac{\angle A \text{ 的对边}}{\angle A \text{ 的邻边}}\right)$,

$$\cot A = \frac{b}{a}\left(\frac{\angle A\ 的邻边}{\angle A\ 的对边}\right),$$

其中 A 可以换成 B。

利用这些关系,知道其中的 2 个元素(至少有 1 个是边),就可以求出其余的 3 个未知元素。

例 6　如图 2.9 所示,已知:等边 $\triangle ABC$ 的边长是 6 cm,求高 AD 的长?

解　因为 $\triangle ABC$ 是等边三角形,AD 是高

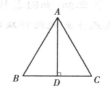

所以 $BD = \frac{1}{2}BC = 3$

在直角 $\triangle ABD$ 中,$AB = 6$,$BD = 3$,

根据勾股定理,

$AD^2 = AB^2 - BD^2$

所以 $AD = \sqrt{36-9} = \sqrt{29} = 5.196(\mathrm{cm})$

图 2.9　例 6 示意图

例 7　在 $\triangle ABC$ 中,$\angle C$ 为直角,$\angle A$,$\angle B$,$\angle C$ 所对的边分别为 a,b,c,且 $c = 20$,$\angle B = 30°$,解这个三角形。

解　(1)$\angle A = 90° - 30° = 60°$

(2)因为 $\cos B = \dfrac{a}{c}$

所以 $a = c \cdot \cos B$

$\qquad = 20 \times \cos 30°$

$\qquad = 20 \times \dfrac{\sqrt{3}}{2}$

$\qquad \approx 17.32$

(3)因为 $\sin B = \dfrac{b}{c}$,

所以 $b = c \cdot \sin B$

$\qquad = 20 \times \dfrac{1}{2}$

$\qquad = 10$

例 8　在直角三角形中,$a = \sqrt{3}$,$b = 3$,解这个三角形。

解　(1)因为 $\tan A = \dfrac{a}{b} = \dfrac{\sqrt{3}}{3}$

所以 $\angle A = 30°$

(2)$\angle B = 90° - 30° = 60°$

(3)因为 $\sin A = \dfrac{a}{c}$

所以 $c = \dfrac{a}{\sin A} = \dfrac{\sqrt{3}}{\dfrac{1}{2}} = 2\sqrt{3} \approx 3.464$

【自己动手2.2】

1. 根据下例条件解直角三角形：

（1）在直角三角形中，$c = 8.035$，$\angle A = 60°$；

（2）在直角三角形中，$b = 7.234$，$\angle A = 30°$。

2. 已知：如图2.10所示，要从电杆离地面5米处向地面拉一条长7米的电缆，求地面电缆固定点A到电线杆底部B的距离。

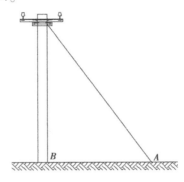

图2.10　［自己动手2.2］2题示意图

二、三角函数的概念

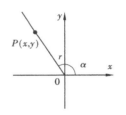

图2.11　三角函数的概念

如图2.11所示，设α是一个任意大小的角，角α终边上任意一点P的坐标为(x, y)，点P与原点的距离$r = \sqrt{x^2 + y^2} > 0$，则：

（1）**正弦**。比值$\dfrac{y}{r}$称为α的正弦，记作$\sin \alpha$，即：$\sin \alpha = \dfrac{y}{r}$。

（2）**余弦**。比值$\dfrac{x}{r}$称为α的余弦，记作$\cos \alpha$，即：$\cos \alpha = \dfrac{x}{r}$。

（3）**正切**。比值$\dfrac{y}{x}$称为α的正切，记作$\tan \alpha$，即：$\tan \alpha = \dfrac{y}{x}$。

根据相似三角形的知识，对于确定的角α，这三个比值都不会随点P在α终边上的位置变化而改变。α的终边在y轴上时，终边上任意一点P的横坐标$x = 0$，所以$\tan \alpha = \dfrac{y}{x}$无意义，除此之外，对于确定的角$\alpha$，上述三个比值都是唯一确定的，这就是说，正弦、余弦、正切都是以角为自变量，以比值为函数值的函数，它们统称为三角函数。

例9　如图2.12所示，已知角α终边上一点P的坐标为$(4, -3)$，求角α的三角函数值。

解　因为$x = 4$　$y = -3$

所以$r = \sqrt{x^2 + y^2} = \sqrt{4^2 + (-3)^2} = 5$

所以$\sin \alpha = \dfrac{y}{r} = \dfrac{-3}{5} = -\dfrac{3}{5}$

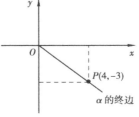

图2.12　例9示意图

$$\cos \alpha = \frac{x}{r} = \frac{4}{5}$$

$$\tan \alpha = \frac{y}{x} = \frac{-3}{4} = -\frac{3}{4}$$

 【自己动手2.3】

已知角 α 终边上一点 P 的坐标为 $(5, -12)$，求角 α 的三角函数值。

三、反三角函数

反正弦函数、反余弦函数、反正切函数统称为反三角函数。

（1）**反正弦函数**。函数 $y = \sin x, x \in \left[-\frac{\pi}{2}, \frac{\pi}{2} \right]$ 的反函数，称为反正弦函数，简称反正弦，记作：$y = \arcsin x$。说明如下：

①arcsin$x$ 表示一个角；

②这个角的正弦值就等于 x，即：$\sin(\arcsin x) = x, x \in [-1, 1]$；

③这个角一定在 $-\frac{\pi}{2} \sim \frac{\pi}{2}$ 内，即：$-\frac{\pi}{2} \leq \arcsin x \leq \frac{\pi}{2}, x \in [-1, 1]$。

（2）**反余弦函数**。函数 $y = \cos x, x \in [0, \pi]$ 的反函数，称为反余弦函数，简称反余弦，记作：$y = \arccos x$。说明如下：

①arccos x 表示一个角；

②这个角的余弦值就等于 x，即：$\cos(\arccos x) = x, x \in [-1, 1]$；

③这个角一定在 $0 \sim \pi$ 内，即：$0 \leq \arccos x \leq \pi, x \in [-1, 1]$。

（3）**反正切函数**。函数 $y = \tan x, x \in \left(-\frac{\pi}{2}, \frac{\pi}{2} \right)$ 的反函数，称为反正切函数，简称反正切，记作：$y = \arctan x$。说明如下：

①arctan x 表示一个角；

②这个角的正切值就等于 x，即：$\tan(\arctan x) = x, x \in (-\infty, \infty)$；

③这个角一定在 $-\frac{\pi}{2} \sim \frac{\pi}{2}$ 内，即：$-\frac{\pi}{2} \leq \arctan x \leq \frac{\pi}{2}, x \in (-\infty, \infty)$。

综上所述，反三角函数特性，见表2.2

表2.2　三角函数特性表

函数 性质	arcsin x	arccos x	arctan x
定义域	$[-1, 1]$	$[-1, 1]$	$(-\infty, \infty)$
值域	$\left[-\frac{\pi}{2}, \frac{\pi}{2} \right]$	$[0, \pi]$	$\left(-\frac{\pi}{2}, \frac{\pi}{2} \right)$

例10　用反正弦表示 $\frac{\pi}{4}$

解 因为 $\sin\dfrac{\pi}{4}=\dfrac{\sqrt{2}}{2}$，且 $\dfrac{\pi}{4}\in\left[-\dfrac{\pi}{2},\dfrac{\pi}{2}\right]$,

所以 $\dfrac{\pi}{4}=\arcsin\dfrac{\sqrt{2}}{2}$

例 11 求 $\arccos\dfrac{\sqrt{3}}{2}$的值

解 因为在区间 $[0,\pi]$ 上, $\cos\dfrac{\pi}{6}=\dfrac{\sqrt{3}}{2}$

所以 $\arccos\dfrac{\sqrt{3}}{2}=\dfrac{\pi}{6}$

例 12 求 $\arctan(-\sqrt{3})$ 的值

解 $\arctan(-\sqrt{3})=-\dfrac{\pi}{3}$

 【自己动手 2.4】

① 求下列各式反正弦的值：

$\arcsin\left(-\dfrac{\sqrt{3}}{2}\right)$ $\arcsin\left(-\dfrac{\sqrt{2}}{2}\right)$

② 用反余弦表示下例各式（式中 $x\in[0,\pi]$）

$\cos x=\dfrac{2}{3}$ $\cos x=-\dfrac{1}{5}$

③ 用反正切表示 $\tan x=0.6$ $x\in\left(-\dfrac{\pi}{2},\dfrac{\pi}{2}\right)$

四、相似三角形

（1）**相似三角形的含义**。对应角相等、对应边成比例的三角形,叫做相似三角形。如图 2.13 所示。

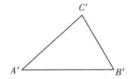

图 2.13 相似三角形

$\triangle ABC$ 和 $\triangle A'B'C'$,如果有 $\angle A=\angle A'$, $\angle B=\angle B'$, $\angle C=\angle C'$

$$\frac{AB}{A'B'}=\frac{BC}{B'C'}=\frac{CA}{C'A'}=k$$

那么 $\triangle ABC$ 和 $\triangle A'B'C'$是相似的。相似用符号"∽"来表示。k 叫做相似比（或相似系数）

记作：$\triangle ABC\backsim\triangle A'B'C'$

（2）**三角形相似的判定**。判定方法有：

①**判定定理 1**。如果一个三角形的两个角与另一个三角形的两个角对应相等,那么这两个三角形相似,可简单说成:**两角对应相等,两三角形相似**。

②**判定定理 2**。如果一个三角形的两条边和另一个三角形的两条边对应成比例,并且夹角相等,那么这两个三角形相似。可简单说成:**两边对应成比例且夹角相等,两三角形相似**。

例 13　如图 2.14 所示,已知 CD 是直角 $\triangle ABC$ 的斜边上的高。$AD = 9$ cm,$CD = 6$ cm,求 BD。

解　$\triangle ABC$ 为直角三角形,CD 是斜边 AB 上的高

所以 $\triangle ACD \backsim \triangle CBD$

所以 $\dfrac{AD}{CD} = \dfrac{CD}{BD}$

即 $\dfrac{9}{6} = \dfrac{6}{CD}$

所以 $BD = \dfrac{6 \times 6}{9} = 4\,(\text{cm})$

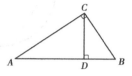

图 2.14　例 15 示意图

【**自己动手 2.5**】

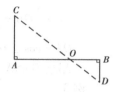

如图 2.15 所示,已知 $AC \perp AB$,$BD \perp AB$,$AO = 78$ cm,$BO = 42$ cm,$CD = 159$ cm,求 CO 和 DO。

图 2.15　求 CO 和 DO

五、专业实例

1. 例 1

如图 2.16 所示,在数控冲床上加工扇形孔板,试求图中 X,Y 的值。

解　通过坐标原点作出如图 2.17 所示分析:

在图中可看到 $\triangle AOB$ 中 $OA = 40$;$AB = 10$;

根据勾股定律可求出 OB 的距离

$OB = \sqrt{OA^2 - AB^2} = \sqrt{40^2 - 10^2} = 38.73$

$OB = X$ 的距离

在 $\triangle A'OB'$ 中 $OA' = 40$;$OB' = OB - 5 = 35$

$A'B' = \sqrt{OA'^2 - OB'^2} = \sqrt{40^2 - 33.73^2} = 22.994$

$A'B' = Y$ 的距离

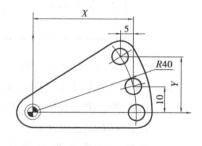

图 2.16

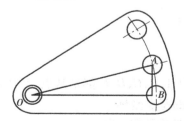
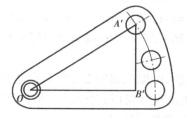

图 2.17

2. 例2

如图 2.18 所示,圆钢经过三次铣削成型,如圆钢的直径为 50 mm,求侧吃刀量 X。

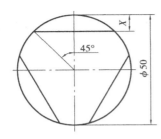

图 2.18

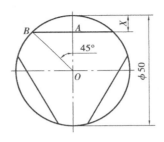

图 2.19

解 分析如图 2.19 所示:

在 $\triangle AOB$ 中 $OB = 25$;$\angle AOB = 45°$

$$\cos \angle AOB = \frac{OA}{OB}$$

$OA = \cos \angle AOB \times OB = \cos 45° \times 25 = 17.678$

侧吃刀量 $X = 25 - 17.678 = 7.322$

3. 例3

如图 2.20 所示 V 型导轨,试求槽底距离 X。

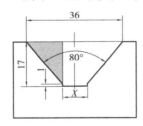

图 2.20 V 型导轨

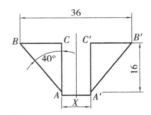

图 2.21 求槽底距离 X 分析图

解 因 V 型导轨两侧对称,夹角为 80°在 $\triangle ABC$ 与
$\triangle A'B'C'$ 中 $\angle BAC = \angle B'A'C' = 40°$;$AC = A'C' = 16$
且 $\triangle ABC \cong \triangle A'B'C'$;
槽底 X 的距离为 B 到 B' 距离与 BC,$B'C'$ 距离之差,
即:$X = 36 - 2BC$
$BC = \tan \angle BAC \times AC = \tan 40° \times 16 = 13.425$
$X = 36 - 2BC = 36 - 2 \times 13.425 = 9.15$

4. 例4

在数控铣床中加工如图 2.22 所示的零件,图中 A,B,C,D,E 都是基点,A,B,D,E 的坐标
值从图中给出的尺寸可以直接找出,请计算切点 C 的基点坐标。

解 求 C 点坐标值可有多种方法,我们利用反三角函数求解。

通过基点 B 作 $R30$ 圆心连接线,将 $R30$ 圆心与切点 C 连接可得直角三角形 $\triangle BCO_1$。

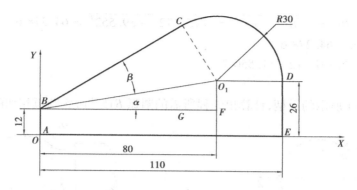

图 2. 22

通过基点 B 作 $R30$ 圆心延伸线的垂线相交于 F,可得直角三角形 $\triangle BFO_1$。

在 $\triangle BCO_1$ 中 $O_1C = 30$;在 $\triangle BFO_1$ 中 $BF = 80$,$O_1F = 26 - 12 = 14$;$\triangle BCO_1$,$\triangle BFO_1$ 共用一边 BO_1。

$$\tan \alpha = \frac{O_1F}{BF}$$

$$\alpha = a \tan\left(\frac{O_1F}{BF}\right) = a \tan\left(\frac{14}{80}\right) = 9.926°$$

$$BO_1 = \sqrt{BF^2 + O_1F^2} = \sqrt{80^2 + 14^2} = 81.216$$

$$\sin \beta = \frac{O_1C}{BO_1}$$

$$\beta = a \sin\left(\frac{O_1C}{BO_1}\right) = a \sin\left(\frac{30}{81.216}\right) = 21.678°$$

$$\alpha + \beta = 31.604°$$

过切点 C 作 BF 的垂线,得直角三角形 $\triangle BGC$,如图 2.23 所示:

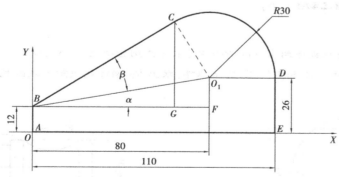

图 2. 23

$$BC = \sqrt{BO_1^2 - O_1C^2} = \sqrt{81.216^2 - 30^2} = 75.472$$

$$\sin(\alpha + \beta) = \frac{CG}{BC}$$

$$CG = \sin(\alpha + \beta) \times BC = \sin 31.604° \times 75.472 = 39.552$$

$$BG = \sqrt{BC^2 - CG^2} = \sqrt{75.472^2 - 39.552^2} = 64.2786$$

C 点的 X 坐标为 64.2786

C 点的 Y 坐标为 $CG + 12 = 51.5507$

5. 例 5

车削如图 2.24 所示的手柄,计算出编程所需的圆弧 $R15$ 与 $R5$ 圆弧相切的切点坐标。

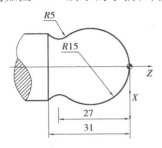

图 2.24 手柄

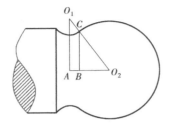

图 2.25 计算分析图

解   圆弧 $R15$ 与圆弧 $R5$ 相切,连接两圆心通过切点并构建直角三角形,如图 2.25 所示:

在 $\triangle O_1 A O_2$ 中 $O_1 O_2 = 15 + 5 = 20$;$AO_2 = 27 - 15 = 12$;

$$AO_1 = \sqrt{20^2 - 12^2} = 16$$

$$\triangle O_1 A O_2 \backsim \triangle CBO_2; CO_2 = 15;$$

$$\frac{O_1 A}{O_1 O_2} = \frac{CB}{CO_2} = \frac{16}{20} = \frac{CB}{15}; CB = 12$$

$$\frac{AO_2}{O_1 O_2} = \frac{BO_2}{CO_2} = \frac{12}{20} = \frac{BO_2}{15}; BO_2 = 9$$

因数控车床 X 坐标反映工件的直径,因此切点 C 的 X 坐标为 $2CB = 12$;切点 C 的 Z 坐标为 $9 + 15 = 24$。

【自己动手 2.6】

1. 如图 2.26 所示直径为 $40\ mm$ 的圆钢,求出铣削后棱边 B 的宽度。

2. 在数控车床中车削如图 2.27 所示零件,求出 $R9$ 圆球起点到终点的长度 L,求出 $R15$ 圆弧凹槽深度 H。

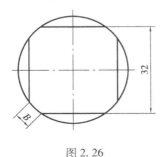

图 2.26

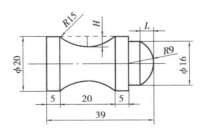

图 2.27

任务三　矢量及其运算

一、矢量的概述

1. 矢量

如图 2.28 所示,拉小车的力 F;如图 2.28 所示,在大海航行的轮船的位移 S,以及汽车行驶的速度等,他们都是既有大小又有方向的量。

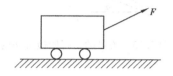

图 2.28　拉小车的力 F

图 2.29　轮船的位移 S

我们把既有大小又有方向的量叫做矢量。比如:力、位移、速度等。

2. 矢量的表示方法

(1)用字母表示。通常用黑体的小写英文字母 a,b,c…来记矢量,手写时可写成 $\vec{a}$,$\vec{b}$, $\vec{c}$…。

(2)用有向线段表示。矢量也可以用有向线段来表示,如图 2.30 所示,有向线段 $\overrightarrow{AB}$ 表示的含义为:$\overrightarrow{AB}$ 的长度 a 表示矢量的大小,$\overrightarrow{AB}$ 的箭头指向(即起点 A 往终点 B 的方向)表示矢量的方向。

图 2.30　用有向线段表示矢量

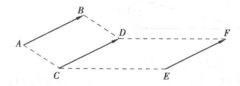

图 2.31　相等矢量

3. 相等矢量、相反矢量

(1)相等矢量。由于矢量只有大小和方向两个要素,因此很自然地把大小相等且方向相同的矢量叫做相等矢量。如:

在图 2.31 中,把有向线段 $\overrightarrow{AB}$ 经过平行移动得到 $\overrightarrow{CD}$,它们的长度相等且方向相同,因此矢量 $\overrightarrow{AB}$ 与矢量 $\overrightarrow{CD}$ 相等,再把有向线段 $\overrightarrow{CD}$ 平行移动得到 $\overrightarrow{EF}$,同理有矢量 $\overrightarrow{CD} = \overrightarrow{EF}$,因此有下述矢量的等式

$$\overrightarrow{AB} = \overrightarrow{CD} = \overrightarrow{EF}$$

(2)负矢量。与非零矢量 a 长度相等且方向相反的矢量,称为 a 的负矢量,记作 $-a$。

因为矢量 $\overrightarrow{AB}$ 与 $\overrightarrow{BA}$ 的长度相等且方向相反,所以,$-\overrightarrow{BA} = \overrightarrow{AB}$。

4. 矢量运算法则

(1)矢量加法的三角形法则。如图 2.32 所示,一般地,对于矢量 a,b,任取一点 A,作有向线段$\overrightarrow{AB}$，表示矢量$\boldsymbol{a}$，接着以$\overrightarrow{AB}$的终点B为起点，作有向线段$\overrightarrow{BC}$表示矢量$\boldsymbol{b}$，则有向线段$\overrightarrow{AC}$表示矢量，$\boldsymbol{c}$称为$\boldsymbol{a}$与$\boldsymbol{b}$的和，记作$\boldsymbol{c} = \boldsymbol{a} + \boldsymbol{b}$，即有：$\overrightarrow{AC} = \overrightarrow{AB} + \overrightarrow{BC}$，这个关于矢量加法的定义，称为矢量加法的三角形法则。

（2）**矢量的平行四边形法则**。如图 2.33 所示，从同一起点A作有向线段$\overrightarrow{AB}$，$\overrightarrow{AD}$，分别表示$\boldsymbol{a}$，$\boldsymbol{b}$，然后以AB，AD为邻边作平行四边形$ABCD$，则有：有向线段$\overrightarrow{AC}$就表示$\boldsymbol{a} + \boldsymbol{b}$，其中$AC$是对角线，这种求不共线两个矢量的和的方法，称为矢量加法的平行四边形法则。

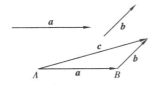

图 2.32　矢量加法三角形法则

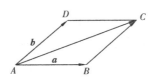

图 2.33　矢量的平行四边形法则

二、矢量的示例

矢量加法

例 14　如图 2.34 所示，一艘轮船从A处向正东方向航行 100 海里，到达B处，接着从B处沿北偏东$45°$方向航行 50 海里，到达C处，试问：这两次位移$\overrightarrow{AB}$与$\overrightarrow{BC}$的总效果如何？

解　如图 2.34 所示，显然，总效果是轮船从A处到达了C处，即为位移$\overrightarrow{AC}$，记作：$\overrightarrow{AC} = \overrightarrow{AB} + \overrightarrow{BC}$

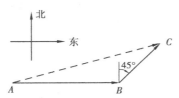

图 2.34　轮船航行示意图

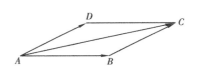

图 2.35　求$\overrightarrow{AB} + \overrightarrow{AD}$

例 15　如图 2.35 所示，$ABCD$是平行四边形，求：$\overrightarrow{AB} + \overrightarrow{AD}$

解　由于$\overrightarrow{AD} = \overrightarrow{BC}$

因此$\overrightarrow{AB} + \overrightarrow{AD} = \overrightarrow{AB} + \overrightarrow{BC} = \overrightarrow{AC}$

例 16　如图 2.36 所示，试计算：$\overrightarrow{OA} - \overrightarrow{OB}$

解　$\overrightarrow{OA} - \overrightarrow{OB} = \overrightarrow{OA} + (-\overrightarrow{OB}) = \overrightarrow{OA} + \overrightarrow{BO} = \overrightarrow{BO} + \overrightarrow{OA} = \overrightarrow{BA}$

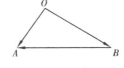

图 2.36　计算$\overrightarrow{OA} - \overrightarrow{OB}$

例 16 表明：起点相同的两个矢量的差等于减矢量的终点到被减矢量的终点形成的矢量，即：$\overrightarrow{OA} - \overrightarrow{OB} = \overrightarrow{BA}$

【自己动手 2.7】

1. 求下例各题中矢量的和：

（1）$\overrightarrow{BC} + \overrightarrow{AB}$　　（2）$\overrightarrow{DB} + \overrightarrow{CD} + \overrightarrow{BC}$　　　（3）$\overrightarrow{AB} + \overrightarrow{BC} + \overrightarrow{CD}$

2. 已知平行四边形$ABCD$，如图 2.37 所示，用矢量$\overrightarrow{AB}$，$\overrightarrow{AD}$表示矢量$\overrightarrow{CB}$，$\overrightarrow{AC}$，$\overrightarrow{DB}$。

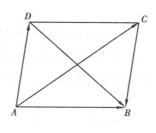

图 2.37

三、专业实例

1. 专业实例 1

斜齿圆柱齿轮的受力图如图 2.39 所示,其螺旋角 $\beta = 15°$,齿面上的正压力 $F_N = 140$ N,试求轴向力 F_a 和径向力 F_u。

解　因斜齿圆柱齿轮螺旋角 $\beta = 15°$齿面上的正压力 $F_N = 140$ N

　　　　轴向力 $F_a = F_N \times \sin \beta = 140 \times \sin 15 = 36.235$ N

　　　　径向力 $F_u = F_N \times \cos \beta = 140 \times \cos 15 = 135.230$ N

2. 专业实例 2

从图 2.40 所示钻套中卸下钻头时在楔铁上的作用力 $F = 150$ N,如果楔铁的楔角为 $10°$,试求楔铁对钻头的作用力。

解　作出钻头的受力图,如图 2.41 所示

　　　　$F_y = F/\tan 10° = 150/\tan 10° = 850.692$

　　　　$F_u = F/\sin 10° = 150/\sin 10° = 863.816$

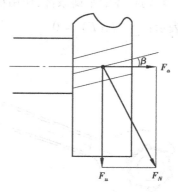

图 2.38　斜齿圆柱齿轮

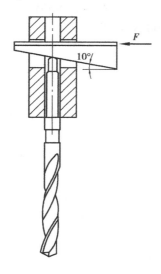

图 2.39

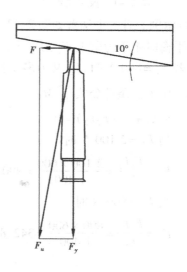

图 2.40

3. 专业实例3

（1）**力矩平衡的问题**。如图 2.41 所示，以扳手拧紧螺母为例，力 F 对扳手的作用是使它绕点 O 转动，这种作用不仅与力 F 的大小有关，而且于 O 点到 F 作用点的直线距离 L 有关。这里的点 O 称为矩心，矩心到力作用线的垂直距离称为力臂。度量力对物体转动的效果，用"力矩"来表示。其公式为：

$$M_O(F) = \pm FL$$

式中　$M_O(F)$——力 F 对 O 点取矩，单位为 N·m。

式中正、负号表示：使物体作顺时针方向转动的力矩为正；使物体作逆时针方向转动的力矩为负。

在生产和生活中，经常会遇见绕某一固定点转动的物体平衡问题；如称、钳子、剪刀、撬杠等，这些实质上就是力矩平衡的问题。

转动物体的平衡条件：作用在物体上的各力对转动中心 O 点的力矩代数和等于零。用公式表示：$\sum M_O(F) = 0$

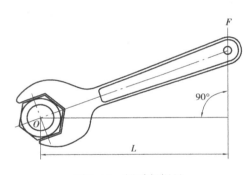

图 2.41　扳手紧螺母

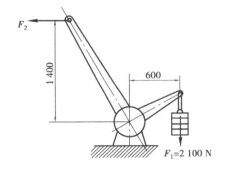

图 2.42　平衡臂

（2）**示例**。有一平衡臂如图 2.42 所示，平衡块 $F_1 = 2\ 100$ N，试求

①平衡时施于力臂上 F_2 为多少？

②若 $F_1 = 800$ N 时，F_2 又为多少？

解　由平衡条件公式 $\sum M_O(F) = 0$ 得

$$F_1 L_1 + (-F_2 L_2) = 0$$

当 $F_1 = 2\ 100$ N 时

$$F_2 = \frac{F_1 L_1}{L_2} = \frac{2\ 100 \times 600}{1\ 400} = 900 \text{ N}$$

当 $F_1 = 800$ N 时

$$F_2 = \frac{F_1 L_1}{L_2} = \frac{800 \times 600}{1\ 400} = 342.857 \text{ N}$$

4. 专业实例4

如图 2.43 所示,为一液压驱动的起重机吊臂示意图,油缸推力 $F = 1\ 000$ N 时,能吊起的重物 G 为多少?（设 $a = 45°$）

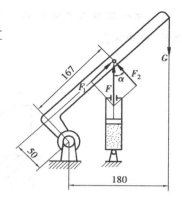

解 由力矩平衡公式 $\sum M_O(F) = 0$ 可得:

$$F_1 \times 167 - F_2 \times 50 + G \times 180 = 0$$

$$F_1 = F \times \sin \alpha = 1\ 000 \times \sin 45° = 707.107 \text{ N}$$

$$F_2 = F \times \cos \alpha = 1\ 000 \times \cos 45° = 707.107 \text{ N}$$

$$G = \frac{707.107 \times 167 - 707.107 \times 50}{180} = 495.62 \text{ N}$$

当油缸推力 $F = 1\ 000$ N 时,能吊起的重物 G 为495.62 N

图 2.43 液压起重机

【自己动手2.8】

1. 如图 2.44 所示起重机,小车的水平速度 $V_w = 19$ m/min,起吊重物的垂直速度 $V_h = 6.3$ m/min,求起吊重物的合成速度 V,若重物起吊用了 24 s,那么重物起吊的路径为多少?

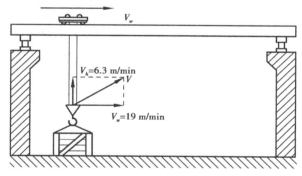

图 2.44 起重机

2. 链条传动如图 2.45 所示,已知输送转矩 $M = 150$ N·m,试求链条上的拉力 F。

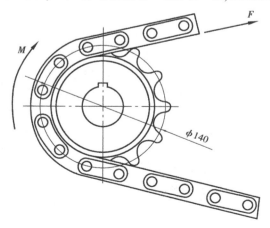

图 2.45 链条传动

3. 螺栓压板夹紧装置如图 2.46 所示。螺母拧紧后产生力 $F_1 = 12$ kN,试求工件上的压紧力 F_2 为多少?

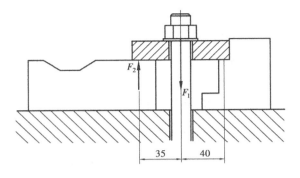

图 2.46　螺栓压板夹紧装置

项目三 坐标系

项目内容:1. 坐标和坐标系

2. 坐标平移

项目目的:1. 通过实例认识有序数对;认识平面直角坐标系,了解点与坐标的对应关系;在给定的直角坐标系中,能根据坐标(坐标为整数)描出点的位置,能由点的位置写出点的坐标(坐标为整数);能在方格纸中建立适当的平面直角坐标系描述物体的位置;了解极坐标的概念;学会用极坐标表示平面上的点;

2. 掌握坐标平移公式,掌握点的坐标变化与点的左右或上下平移间关系,掌握图形各个点的坐标变化与图形平移的关系并解决与平移有关的问题。在同一平面直角坐标系中,能用坐标表示平移变换及坐标平移的实际应用。

项目实施过程

专业引入

运用 CAD 等软件,绘制图形时,首先要确定各点的坐标,再根据坐标绘制图形。如要绘制如图 3.1 所示的图形时,第一步就是确定 A,H,G,F,E,D,C,B 点的坐标。

运用 CAD 等软件,绘制图形,确定坐标时,一般是确定各点的相对坐标。

所谓相对坐标,就是后一点的坐标以前一点的坐标为坐标原点。如图 3.1 所示,当按 $ABCDEFGH$ 的顺序(逆时针)确定各点的相对坐标时,点 B 的坐标以点 A 为坐标原点,点 C 的坐标以点 B 为坐标原点,点 D 的坐标以点 C 为坐标原点,以此类推。

如图 3.1 所示,确定 A,H,G,F,E,D,C,B 点的相对坐标。

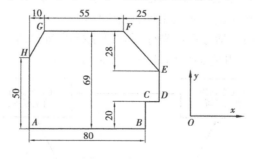

图 3.1 相对坐标

一、分析

如图 3.1 所示,知道各线段的横向距离和纵向距离,显然可以直接写出各点的相对坐标。

二、答案

解 1. 当按 $ABCDEFGH$ 的顺序(逆时针)确定时,各点的相对直角坐标分别为:

$A(0,0)$、$B(80,0)$、$C(0,20)$、$D(10,0)$、$E(0,21)$、$F(-25,28)$、$G(-55,0)$、$H(-10,-19)$

2. 当按 $AHGFEDCB$ 的顺序(顺时针)确定时,各点的相对直角坐标分别为:

$A(0,0)$、$H(0,50)$、$G(10,19)$、$F(55,0)$、$E(25,-28)$、$D(0,-21)$、$C(-10,0)$、$B(0,-20)$

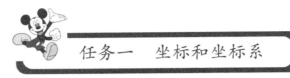

任务一 坐标和坐标系

一、直角坐标系概述

1. 直角坐标系及点的坐标

（1）**直角坐标系的建立**。平面内画两条互相垂直且有公共原点 O 的数轴,通常一条画成水平的,以向右的方向为正方向,这条数轴叫做横轴(或 x 轴);另一条画成铅直的,以向上的方向为正方向,这条数轴叫做纵轴(或 y 轴)。x 轴和 y 轴统称为坐标轴。公共原点 O 叫做坐标原点,简称原点。如图 3.2 所示。

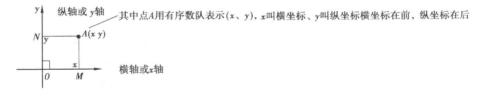

图 3.2 直角坐标系

（2）直角坐标系点的坐标的含义。

①**点的坐标的含义**。如图 3.2 所示,点 A 向 x 轴做垂线,垂足 M 在 x 轴上表示的数 x,叫做点 A 的横坐标;过点 A 向 y 轴做垂线,垂足 N 在 y 轴上表示的数 y,叫做点 A 的纵坐标。点 A 的横坐标和纵坐标合在一起叫做点 A 的坐标,记作 $A(x,y)$。

②**点的坐标的注意事项**。括号里横坐标写在纵坐标的前面,它们是一对有序实数。一个点的坐标是一对有序实数,点和它的坐标是一一对应的。如图 3.3。

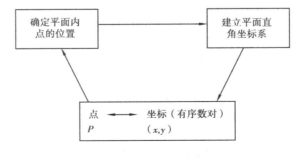

图 3.3 点的坐标

2. 直角坐标系坐标示例

例 1　图 3.4 所示，方格中有 25 个字，若用 *A*4 表示"书"，则：

5	聪	明	自	了	于
4	书	天	在	勤	贵
3	标	宝	奋	可	来
2	敏	里	习	才	大
1	的	学	打	库	想
	A	*B*	*C*	*D*	*E*

图 3.4

（1）请破译密码：*A*5 *B*5 *C*4 *E*5 *B*1 *C*2

（2）请编制密码：天才来自勤奋

解　（1）聪明在于学习

　　　（2）*B*4 *D*2 *E*3 *C*5 *D*4 *C*3

例 2　如图 3.5 所示，写出直角坐标平面内各点的坐标。

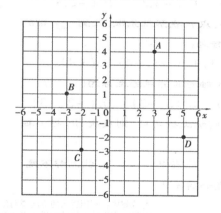

图 3.5　写出直角坐标平面内各点的坐标

解　各点坐标 *A*(3,4)　*B*(−3,1)　*C*(−2,3)　*D*(5,−2)

例 3　如图 3.6 所示，坐标（−2,0），（0,3），（0,−3）（4,0），分别对应图中的哪个点？并指出：*x* 轴上的点的坐标有何特征，*y* 轴上的点的坐标又有何特点。

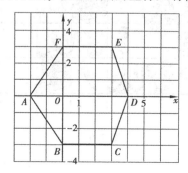

图 3.6

解　$(-2,0)$，$(0,3)$，$(0,-3)$，$(4,0)$分别是 A,F,B,D。

x 轴上的点的坐标为纵坐标是 0。

y 轴上的点的坐标为横坐标是 0。

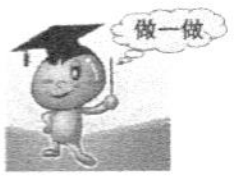

做一做

【自己动手 3.1】

楚河　汉界
相
马　帅

图 3.7　写出“相”所在的点的坐标

1. 填空题。

(1) 如图 3.7 所示，如果“帅”位于点$(0,0)$，“马”位于点$(-3,0)$，则“相”所在的点的坐标为________________。

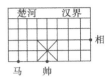

(2) 老师把学生刘兵的座位 3 组 4 排记为$(3,4)$，那么章勇的座位$(4,3)$的意义是________________。

(3) 点 $M(3,-2)$ 到 y 轴的距离是________________。

2. 选择题。

(1) 如图 3.8 所示，P 点的坐标为(　　)。

A. $(-2,3)$　　B. $(3,-2)$　　C. $(-3,2)$　　D. $(-2,3)$

y
P
2
1
0
x
-3
-2
-1

图 3.8

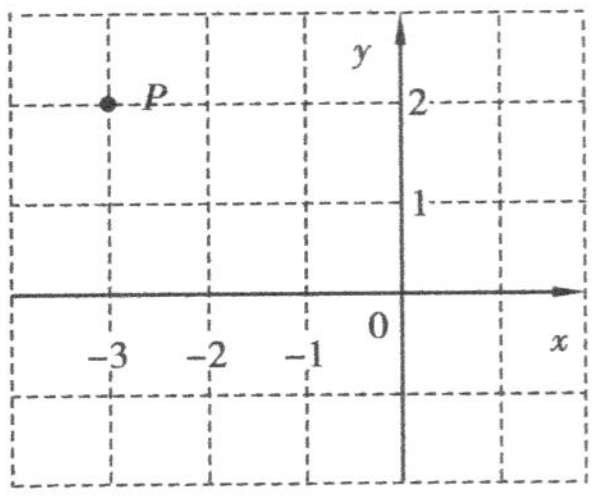

(2) 在平面直角坐标系中，点 P 在第三象限，且到 x、y 轴的距离分别为 4、3，则 P 点的坐标为(　　)。

A. $(4,3)$　　B. $(-4,-3)$　C. $(-3,-4)$　D. $(3,4)$

(3) 点 $P(-2,-3)$ 关于 x 轴对称的点的坐标为(　　)。

A. $(2,3)$　　B. $(-2,3)$　　C. $(2,-3)$　　D. $(-2,-3)$

(4) 点 B、C 的横坐标相同，纵坐标不同，则直线 BC 与 x 轴的关系(　　)。

A. 相交　　B. 垂直　　C. 平行　　D. 以上都不是

3. 用坐标说出行走的路线如图 3.9。

拖动点A：（-2,-2）
说出坐标变化
3
游戏规则：利用适当的方法说明旅行者从点A出发应当沿着怎样的路线前进才能避开危险的动物，一路平安地找到吉普车（注意，不可以走对角线！）
4
A

图 3.9

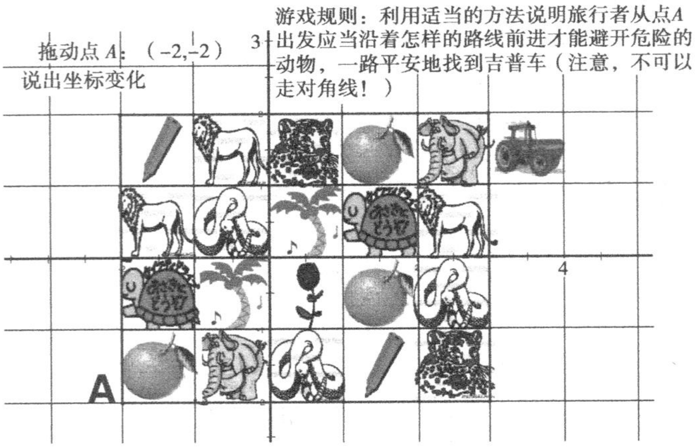

二、空间直角坐标系

1. 空间直角坐标系的建立

在平面直角坐标系的基础上再加一个竖直的轴就形成了空间直角坐标系。用单位正方体做模型来建立空间直角坐标系。

如图 3.10 所示,$OABC$-$D'A'B'C'$是单位正方体,以 O 为原点分别以射线 OA,OC,OD' 的方向为正方向,以线段 OA,OC,OD' 的长为单位长,建立三条数轴:X 轴、Y 轴、Z 轴。这时我们说建立了一个空间直角坐标系 O-xyz。其中点 O 叫做坐标原点,x 轴、y 轴、z 轴叫做坐标轴。通过每两个坐标轴的平面叫做坐标平面,分别称为 xOy 平面、yOz 平面、zOx 平面。

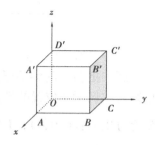

图 3.10 空间直角坐标系

2. 空间一点坐标的意义

如图 3.11 所示,$M(x,y,z)$ 其中 x 叫做点 M 的横坐标,y 叫做点 M 的纵坐标,z 叫做点 M 的竖坐标。

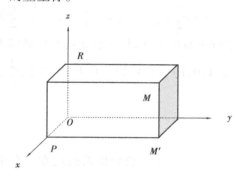

图 3.11 空间一点坐标的意义

3. 空间直角坐标系的举例

例 4 如图 3.12 所示,在长方体 $OABC$-$D'A'B'C'$ 中,$|OA|=3$,$|OC|=4$,$|OD'|=2$。写出 D',C,A',B' 四点的坐标。

解 D' 在 Z 轴上,且 $|OD'|=2$

它的竖坐标是2,它的横坐标 x 与纵坐标 y 都是零,所以点 D' 的坐标是$(0,0,2)$。

同理:点 C 的坐标是$(0,4,0)$,点 A' 的坐标是$(3,0,2)$。点 B' 在 xOy 平面上的射影是 B,因此它的横坐标 x 与纵坐标 y 同点 B 的横坐标 x 与纵坐标 y 相同。在 xOy 平面上,点 B 横坐标 $x=3$,纵坐标 $y=4$。点 B' 在 z 轴上的射影是 D',它的竖坐标与点 D' 的竖坐标相同,点 D' 的竖坐标 $z=2$。所以点 B' 的坐标是$(3,4,2)$。

例 5 结晶体的基本单位称为晶胞,如图是食盐晶胞的示意图。其中色点代表钠原子,黑点代表氯原子。建立空间直角坐标系 O-xyz 后,试写出全部钠原子所在位置的坐标。如图 3.13所示。

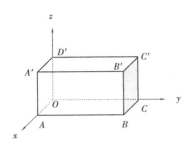

图 3.12　空间直角坐标系的示例1

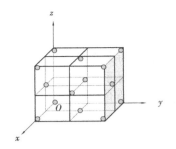

图 3.13　空间直角坐标系的示例2

解　把图中的钠原子分成上、中、下三层来写它们所在位置的坐标。下层的原子全部在 xOy 平面上,所以这五个钠原子所在位置的坐标分别为:$(0,0,0)$,$(1,0,0)$,$(1,1,0)$ $(0,1,0)$,$(\frac{1}{2},\frac{1}{2},0)$

中层的原子所在的平面平行于 xOy 平面,与 z 轴交点的竖坐标为 $\frac{1}{2}$,所以这四个钠原子所在位置的坐标分别是 $(\frac{1}{2},0,\frac{1}{2})$,$(1,\frac{1}{2},\frac{1}{2})$,$(\frac{1}{2},1,\frac{1}{2})$,$(0,\frac{1}{2},\frac{1}{2})$。

上层的原子所在的平面平行于 xOy 平面,与 z 轴交点的竖坐标为 1,所以这五个钠原子所在位置的坐标分别是 $(0,0,1)$,$(1,0,1)$,$(1,1,1)$,$(0,1,1)$,$(\frac{1}{2},\frac{1}{2},1)$。

三、极坐标系

1. 极坐标系知识要点

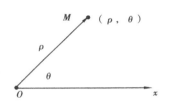

图 3.14　极坐标系和极坐标系内一点的极坐标

（1）**极坐标系的建立**。在平面内取一个定点 O 和通过它的一条射线 Ox 作为基准,再选一个长度单位和角度的正方向（通常取逆时针方向）构成坐标系。如图 3.14 其中 O 称为极点,射线 Ox 称为极轴。

（2）**极坐标系内一点的极坐标**。设 M 是平面上任意一点,用 ρ 表示线段 OM 的长度,用 θ 表示以射线 Ox 为始边,射线 OM 为终边所成的角。那么,有序数对 (ρ,θ) 就叫做 M 的极坐标。显然,每一个有序数对 (ρ,θ) 决定一个点的位置。其中,ρ 叫做点 M 的极径,θ 叫做点 M 的极角。

（3）**极坐标系中的点与极坐标 (ρ,θ) 的对应关系**。由极径的意义知 $\rho \geq 0$,极角 θ 取值范围是 $[0,2\pi)$,平面上点（除去极点）就与极坐标 $(\rho,\theta)(\rho \neq 0)$ 建立一一对应的关系。

2. 极坐标系的举例

例6　写出如图 3.15 中 A,B,C,D,E,F,G 点的极坐标 $(0 \leq \theta < 2\pi)$

解　$A(4,0)$,$B(3,\frac{\pi}{4})$,$C(3,\frac{\pi}{2})$,$D(1,\frac{5\pi}{6})$,$E(3,\pi)$,$F(5,\frac{4\pi}{3})$,$G(4,\frac{5\pi}{3})$。

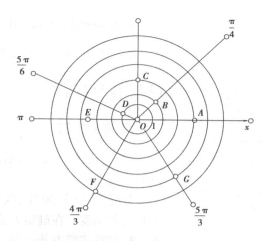

图 3.15　极坐标系示例

例7　如下图 3.16,写出各点的极坐标$(0\leqslant\theta<2\pi)$

解
$$P_1\left(3,\frac{\pi}{6}\right)、P_2(3,\pi)、P_3\left(2,\frac{5\pi}{4}\right)$$

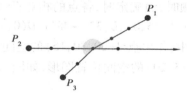

图 3.16　写出图中各点的极坐标

【自己动手 3.2】

1. 如图 3.17,在极坐标系中,作出下列各点,$P_1\left(2,\frac{\pi}{3}\right)、P_2(2,2)、P_3\left(1,\frac{\pi}{2}\right)$。

2. 说出下图 3.18 中各点的极坐标$(0\leqslant\theta<2\pi)$

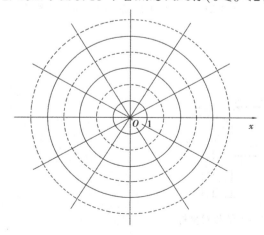

图 3.17　作出点的坐标

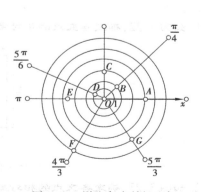

图 3.18　说出各点的极坐标

3. 在如图 3.19 在极坐标系里描出下列各点。

$A(3,0)$，$B(6,\pi)$，$C\left(4,\dfrac{\pi}{2}\right)$，$D\left(5,\dfrac{4\pi}{3}\right)$，$E\left(3,\dfrac{5\pi}{6}\right)$，$F\left(2,\dfrac{5\pi}{3}\right)$。

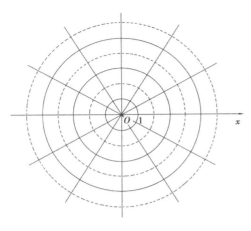

图 3.19　描出各点

四、专业实例

例 8　如图 3.20 所示，以点 A 为起点，确定各点的相对坐标。

分析：在图 3.20 中，线段 EF、GH 标注的是线段的长度和角度。在确定 E 点（或 F 点）的坐标时，以极坐标的形式要方便一些。

解　当按 $ABCDEFGH$ 的顺序（逆时针）确定时，各点的相对直角坐标分别为：

$A(0,0)$、$B(80,0)$、$C(0,20)$、$D(10,0)$、$E(0,21)$、$F(37,132^0)$、$G(-55,0)$、$H(-10,-19)$

当按 $AHGFEDCB$ 的顺序（顺时针）确定时，各点的相对直角坐标分别为：

$A(0,0)$、$H(0,50)$、$G(10,19)$、$F(55,0)$、$E(37,-48^0)$、$D(0,-21)$、$C(-10,0)$、$B(0,-20)$

例 9　如图 3.21 在坐标系中，作出点 $A(20,30,15)$ 的空间位置图形。

解　在坐标系中，点 $A(10,15,20)$ 的空间位置图形，如图 3.14 所示。

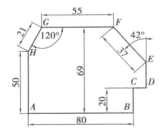

图 3.20

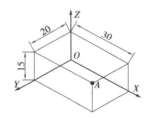

图 3.21　点 $A(10,15,20)$ 的空间位置图形

【自己动手 3.3】

1. 如图 3.22，确定各交点的相对坐标。

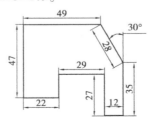

图 3.22　确定各点的相对坐标

2. 如图 3.23，确定各交点的相对坐标。

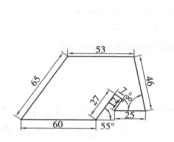

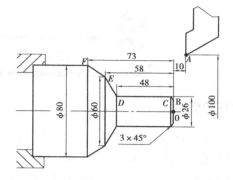

图 3.23　确定各点的相对坐标　　　　图 3.24　确定各点的相对坐标

3. 如图 3.24,以 O 为原点,确定点 B,C,D,E,F 的坐标。

4. 如图 3.25,以 O 为原点,确定点 B,C,D,E,F,G,H,I,J,K 的坐标。

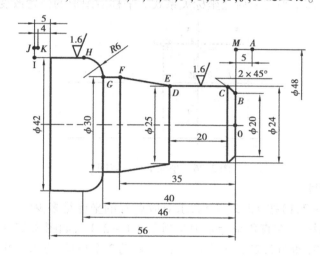

图 3.25　确定点 B,C,D,E,F,G,H,I,J,K 的坐标

5. 在坐标系中,作出点 A(12,25,20) 的空间位置图形。

任务二 坐标平移

一、坐标平移的概述

如图 3.26 所示,坐标系 xoy 与坐标系 $x'o'y'$ 相应的坐标轴彼此平行,并且具有相同的正向。坐标系 $x'o'y'$ 是由坐标系 xoy 平行移动而得到的。设 P 点在坐标系 xoy 中的坐标为 (x, y),在 $x'o'y'$ 中坐标为 (x', y'),而 (a, b) 是 o' 在坐标系 xoy 中的坐标,于是:

$$\begin{cases} x = x' + a \\ y = y' + b \end{cases}$$

上式即一点在坐标系平移前后之坐标关系式。平移后图形的位置改变,形状、大小不变。

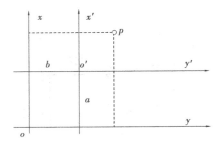

图 3.26 坐标平移示意图

(1)点的平移示例。

例 10 把点 $A(-2, 1)$ 按 $(3, 2)$ 平移,求对应点 C 的坐标是多少?

解法一(用图形法) 在直角坐标系中绘制点 $A(-2, 1)$,如图 3.27(a)所示。点 A 向右移动 3 个单位,得点 B,如图 3.27(b)所示;再向上移动 2 个单位,点 C,如图 3.27(c)所示。

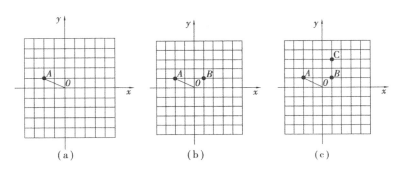

图 3.27

把点 $A(-2, 1)$ 按 $(3, 2)$ 平移,得对应点 C 的坐标 $(1, 3)$。

解法二(用公式计算) 新坐标 (x, y),旧坐标 (x', y')

$$x = x' + a = -2 + 3 = 1$$
$$y = y' + b = 1 + 2 = 3$$

得对应点 C 的坐标$(1,3)$。

例 11　点 $A(8,-10)$ 平移后的对应点为 $B(-7,4)$，求平移向量是多少？

解法一（用图形法）　在直角坐标系中绘制点 $A(8,-10)$、$B(-7,4)$。如图 3.28 所示。显然，从点 A 到点 B，向左走了 15 个单位，向上走了 14 个单位，即平移向量是$(15,14)$。

解法二（用公式计算）　新坐标(x,y)，旧坐标(x',y')

$$x = x' + a \qquad -7 = 8 + a \qquad a = 15$$
$$y = y' + b \qquad 4 = -10 + b \qquad b = 14$$

即平移向量是$(15,14)$

例 12　某点 N 按 $(-3,0)$ 平移后的对应点为 $M(6,-0.5)$，求该点 N 的坐标。

解法一（用图形法）　在直角坐标系中绘制点 $M(6,-0.5)$，如图 3.29 所示。显然，从点 $M(6,-0.5)$ 到点 N，向右走了 3 个单位，即点 N 是$(9,-0.5)$。

解法二（用公式计算）　新坐标(x,y)，旧坐标(x',y')

$$x = x' + a \qquad 6 = x' - 3$$
$$y = y' + b \qquad -0.5 = y' + 0$$

即平移向量是$(9,-0.5)$。

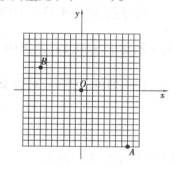

图 3.28　在直角坐标系中绘制点
$A(8,-10)$、$B(-7,4)$

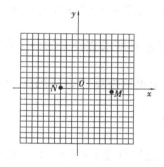

图 3.29　在直角坐标中绘制点
$N(-3.0)M(6-0.5)$

（2）**直线的平移示例**。直线的上下、左右移动两种情况。

例 13　如图 3.30 所示，已知直线 $y = \dfrac{1}{2}x + 1$，向上平移 2 个单位，求平移后函数的解析式。

解法一（用图形法）　在直角坐标系中，绘制直线 $y = \dfrac{1}{2}x + 1$，如图 3.30（a）所示。点 $A(0,1)$、$B(-2,0)$ 为直线 $y = \dfrac{1}{2}x + 1$ 上的两点。

把点 A 上移动 2 个单位，得点 $C(0,3)$；把点 B 上移动 2 个单位，得点 $D(-2,2)$；连接 CD，延伸直线 CD，得直线 $y = \dfrac{1}{2}x + 1$ 向上平移 2 个单位后的直线。如图 3.30（b）所示。

设所求直线为：$y = kx + b$，把点 C,D 的坐标代入 $y = kx + b$，解得 $k = \dfrac{1}{2}$，$b = 3$，则所求直线为：$y = \dfrac{1}{2}x + 3$。

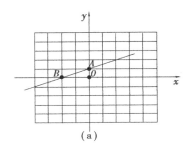 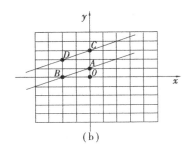

(a) (b)

图 3.30 直线 $y = \frac{1}{2}x + 1$,向上平移 2 个单位所得的直线

解法二 所谓向上、向下平移是指直线沿 y 轴的上下平移。本题求直线的解析式,设所求直线为:$y = kx + b$。(注:直线方程以后解析几何要介绍)

由于直线 $y = kx + b$ 是由直线 $y = \frac{1}{2}x + 1$ 平移得到的,因而所求直线一定与 $y = \frac{1}{2}x + 1$ 平行,于是得 $k = \frac{1}{2}$。

再求 b,须求得一个点的坐标。在 $y = \frac{1}{2}x + 1$ 上找一个特殊点,向上平移 2 个单位所得的点的坐标,必定是所求直线上的一个点。如 $y = \frac{1}{2}x + 1$ 与 y 轴交于点$(0,1)$,由点$(0,1)$沿 y 轴向上平移 2 个单位得点$(0,3)$,则点$(0,3)$在 $y = \frac{1}{2}x + b$ 上,代入即可求得 $b = 3$,因而所求直线为:$y = \frac{1}{2}x + 3$。

例 14 已知直线 $y = \frac{1}{2}x + 1$ 向左平移 3 个单位,求平移后函数的解析式。

解法一(用图形法) 在直角坐标系中,绘制直线 $y = \frac{1}{2}x + 1$,如图 3.31(a)所示。点 $A(0,1)$、$B(-2,0)$ 为直线 $y = \frac{1}{2}x + 1$ 上的两点。

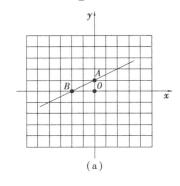 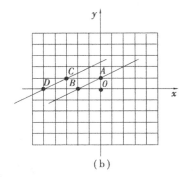

(a) (b)

图 3.31 直线 $y = \frac{1}{2}x + 1$,向上平移 2 个单位所得的直线

把点 A 左移动 3 个单位,得点 $C(0,-2)$;把点 B 左移动 3 个单位,得点 $D(-2,-2)$;连接

CD,延伸直线 CD,得直线 $y = \dfrac{1}{2}x + 1$ 向上平移 3 个单位后的直线。如图 3.32(b)所示。

设所求直线为:$y = kx + b$,把点 C,D 的坐标代入 $y = kx + b$,解得 $k = \dfrac{1}{2}$,$b = \dfrac{5}{2}$,则所求直线为:$y = \dfrac{1}{2}x + \dfrac{5}{2}$。

解法二　所谓向左、向右平移是指在 x 轴上的左右平移。同例 13 一样,其 k 值不变,因而可设所求直线为:$y = \dfrac{1}{2}x + b$。

直线 $y = \dfrac{1}{2}x + 1$ 与 x 轴的交点坐标为 $(-2,0)$,直线向左移动 3 个单位,则点 $(-2,0)$ 也相应地向左移动 3 个单位得点 $(-5,0)$,则点 $(-5,0)$ 在移动后的直线上,代入 $y = \dfrac{1}{2}x + b$,得 $b = \dfrac{5}{2}$,因而所求直线为:$y = \dfrac{1}{2}x + \dfrac{5}{2}$。

例 15　由直线 $y = \dfrac{1}{2}x + 1$ 经过怎样的平移得直线 $y = \dfrac{1}{2}x + 5$(移动分为上下、左右两种情况)

解法一　(用图形法)。在直角坐标系中,分别绘制直线 $y = \dfrac{1}{2}x + 1$、$y = \dfrac{1}{2}x + 5$,如图 3.32 所示。点 $A(0,1)$ 为直线 $y = \dfrac{1}{2}x + 1$ 上的点,点 $B(0,5)$ 直线 $y = \dfrac{1}{2}x + 5$ 上的点。

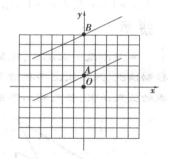

图 3.32　直线 $y = \dfrac{1}{2}x + 1$ 经过怎样的平移得直线 $y = \dfrac{1}{2}x + 5$

从点 A 到点 B,向上移动了 4 个单位,即直线 $y = \dfrac{1}{2}x + 1$ 向上平移 4 个单位,得直线 $y = \dfrac{1}{2}x + 5$。

解法二　①考虑上下移动。直线 $y = \dfrac{1}{2}x + 1$、$y = \dfrac{1}{2}x + 5$ 与 y 轴的交点为 $(0,1)$、$(0,5)$。看两点的位置关系,可知道直线是上移还是下移,结合坐标系,知道直线向上平移了 4 个单位。

②考虑左右移动。直线 $y = \dfrac{1}{2}x + 1$、$y = \dfrac{1}{2}x + 5$ 与 x 轴的交点为 $(-2,0)$、$(-10,0)$。看两点的位置关系,可知道直线是左移还是右移,结合坐标系,知道直线向左平移了 8 个单位。

综合以上两点,解得由直线 $y = \dfrac{1}{2}x + 1$ 经过向上平移 4 个单位、向左平移 8 个单位得到的直线 $y = \dfrac{1}{2}x + 5$。

(3)**二次曲线的平移问题**(以后面平面解析几何中要介绍的圆为例)

例 16　曲线 $x^2 + y^2 + 2x - 4y + 1 = 0$ 在新坐标系中的方程是 $x^2 + y^2 = 4$,则新坐标系原点在旧坐标系中的坐标是(　　　)

A.（-1,2）　　B.（1,-2）　　C.（2,-1）　　D.（-2,1）

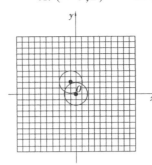

图 3.33 $x^2 + y^2 + 2x - 4y + 1 = 0$、
$x^2 + y^2 = 4$ 的图形

解法一　（用图形法）在直角坐标系中，先绘制函数 $x^2 + y^2 + 2x - 4y + 1 = 0$ 的图形，如图 3.34 所示。函数 $x^2 + y^2 + 2x - 4y + 1 = 0$，$x^2 + y^2 = 4$，运用配方法得 $x^2 + 2x + 1 + y^2 - 4y + 4 - 5 + 1 = 0$

$(x + 1)^2 + (y - 2)^2 = 4$，得圆心坐标分别为 $A(-1,2)$ 和半径 r 为 2。

再绘制图形 $x^2 + y^2 = 4$ 得圆心坐标分别为 $B(0,0)$ 和半径 r 为 2。

显然，新坐标系原点在旧坐标系中的坐标是（-1,2）故应选 A。

解法二　把 $x^2 + y^2 + 2x - 4y + 1 = 0$ 配方为 $(x + 1)^2 + (y - 2)^2 = 4$

由 $x + 1 = x'$ 得 $h = -1$，由 $y - 2 = y'$ 得 $k = 2$ 故应选 A。

提示:

● 无论是一次函数,还是二次函数,已知平移前、平移后的函数解析式,探讨函数怎样移动情况,只要找出平移前平移后一个特殊点的对应坐标,在直角坐标系中描出点,根据点的位置情况,就能判别平移情况。

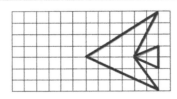

图 3.34　把鱼往左平移 6 cm

【自己动手3.4】

1. 如图 3.34 所示,把鱼往左平移 6 cm。（假设每小格是 1 cm）

2. 如图 3.35 所示,将吉普车从点 $A(-2,-3)$ 向右平移 5 个单位长度,它的坐标是_____;把吉普车从点 A 向上平移 4 个单位长度呢? 它的坐标是_____。

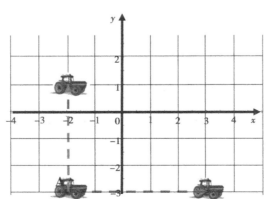

图 3.35

3. 如图 3.36 所示,如何平移点 $A(-2,1)$ 得到 A'? 可将点 A

①先向右平移＿＿＿＿＿＿个单位长度,再向下平移＿＿＿＿＿＿个单位长度;

②先向下平移＿＿＿＿＿＿个单位长度,再向右平移＿＿＿＿＿＿个单位长度。

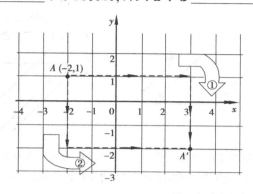

图 3.36

4.将点 $A(3,-4)$ 沿着 x 轴负方向平移 4 个单位,得到点 A' 的坐标为(＿＿＿＿,＿＿＿＿),再将 A' 沿着 y 轴正方向平移 4 个单位,得到 A'' 的坐标为(＿＿＿＿,＿＿＿＿)。

5.平移坐标轴,将原点移到 $O'(-3,4)$,若点 P 在坐标系 xOy 中的坐标为$(2,1)$,则点 P 在新坐标 $x'O'y'$ 中的坐标为＿＿＿＿＿＿。

6.已知点 P 在原坐标系 xOy 中的坐标为$(2,-5)$,而在平移坐标轴后的新坐标系 $x'O'y'$ 中的坐标为$(-1,-2)$,那么,新原点 O' 在原坐标系 xoy 中的坐标为＿＿＿＿＿＿,旧坐标原点 O 在新坐标系 $x'O'y'$ 中的坐标为＿＿＿＿＿＿。

7.平移坐标轴,把原点平移到 $O'(-4,3)$,求 $A(0,0)$,$B(4,-5)$ 的新坐标;$C(5,-7)$,$D(4,-6)$ 的旧坐标。

8.将函数 $y=2x$ 的图像按 $a=(-1,3)$ 平移到 L',求 L' 的函数解析式。

二、专业实例

例 17　如图 3.37 在坐标系中,作出点 $A(20,30,15)$ 的空间位置图形,并把点 A 向 X 轴负方向移动 10 个单位、向 Y 轴负方向移动 5 个单位、向 Z 轴负方向移动 9 个单位,得点 B,作出点 B 空间位置图形,写出点 B 的坐标。

解　点 A,点 B 的空间位置图形,如图 3.37 所示。点 B 的坐标为$(20,15,6)$。

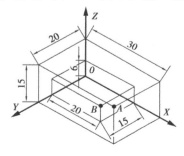

图 3.37　点 $A(20,30,15)$,点 $B(20,15,6)$ 的空间位置图形

例 18　矩形 $ABCD$ 的边长为 20、30,距地面 20,点 A 在 Z 轴上,作出其空间位置图形。

解 其空间位置图形,如图 3.38 所示。

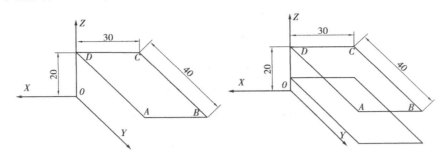

图 3.38 矩形 *ABCD* 的空间位置图形   图 3.39 矩形 *ABCD* 向下移动 10 个单位

例 19 如图 3.39 所示,把矩形 *ABCD* 向下移动 10 个单位,作出其空间位置图形。

解 其空间位置图形,如图 3.39 所示。

【自己动手 3.5】

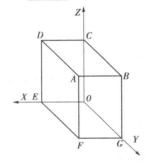

1. 在坐标系中,作出点 $A(12,25,20)$ 的空间位置图形。并把点 A 向 X 轴负方向移动 8 个单位、向 Y 轴负方向移动 6 个单位、向 Z 轴负方向移动 10 个单位,得点 B,作出点 B 空间位置图形,写出点 B 的坐标。

2. 半径为 10 的球,球心在 Z 轴上,球心距原点为 20,作出该球的空间位置图形。把球向上移动 10 个单位,作出其空间位置图形。

3. 如图 3.40 所示,请:

(1) 把 *ABCD* 面向上移动 10 个单位。

(2) 把 *ADEF* 面向 X 轴正方向移动 5 个单位。

(3) 把 *ABGF* 面向 Y 轴正方向移动 8 个单位。

图 3.40 按要求移动各面

项目内容:1.一次方程(组);
        2.二次方程(组)。
项目目的:1.掌握一次方程的概念及其应用;
        2.掌握二次方程相关知识,了解一元二次方程的概念、二元二次方程组的概念,及其应用。
项目实施过程

专业引入

如图4.1所示,杆件 AB 处于静止状态,已知重物 $G = 60$ kN,到两支座的距离为 a 和 $2a$,其受力如图4.2所示,试求支座 A、支座 B 的反力。

一、分析

如图4.2所示,杆件 AB 处于静止状态,即:
(1)力矩相加等于零
(2)横向的力(X 轴)相加等于零。
(3)纵向的力(Y 轴)相加等于零。

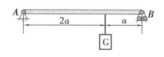

图4.1 求两支座反力

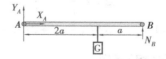

图4.2 受力图

二、参考答案

解 以 AB 杆为研究对象
由题意列出平衡方程
以点 A 为转动中心,力矩相加等于零:$N_B \times 3a - G \times 2a = 0$
横向的力(X 轴)相加等于零: $X_A = 0$
纵向的力(Y 轴)相加等于零: $Y_A + N_B - G = 0$
解方程组得:$N_A = 400$ $Y_A = 200$

任务一 一次方程(组)

一、一次方程(组)概述

1. 方程的起源

方程这个名词,最早见于我国古代算书《九章算术》。《九章算术》是在我国东汉初年编定的一部现有传本的、最古老的中国数学经典著作。

2. 方程解(根)的含义

使方程左右两边相等的未知数的值,叫方程的解(根)。如:$x=1$

3. 一元一次方程的含义

只含有一个未知数并且未知数的次数是 1 的方程的整式方程,叫做一元一次方程。如:$x=1$

4. 二元一次方程的含义

含有两个未知数,并且未知数的次数都是 1 的方程叫二元一次方程。如:$3x+2y=16$

5. 三元一次方程的含义

含有三个未知数,并且未知数的次数都是 1 的方程,叫做三元一次方程。如:$3x+2y-4z=0$

【自己动手 4.1】

辨别下列方程中,哪些是二元一次方程

① $\dfrac{x}{3}+2y=1$ ② $x+\dfrac{1}{y}=-7$ ③ $3xy=-8$

④ $2x^2-6y=1$ ⑤ $5(x-y)+2(2x+3y)=4$

二、一次方程(组)示例

1. 一元一次方程示例

例 1 解方程:$\dfrac{2x+1}{3}+x=\dfrac{5x-3}{2}+1$

解 去分母得:$2(2x+1)+6x=3(5x-3)+6$

去括号得:$4x+2+6x=15x-9+6$

移项得:$4x+6x-15x=-9+6-2$

合并同类项得:$-5x=-5$

系数化为 1 得:$x=1$

提示:

> ● 解一元一次方程的一般步骤有:去分母、去括号、移项、合并同类项、系数化为 1 等五个步骤。

【自己动手4.2】

1. 填空题。

（1）若 $-2x = 6$，则 $x =$ _____

（2）一元一次方程 $3x^a - 1 - 2 = 0$ 中，$a =$ _____

2. 下面的移项是否正确？

从 $8 + x = 10$，得 $x = 10 + 8$；_____

从 $3x = 7 - 2x$，得 $3x + 2x = -7$；_____

从 $2x - 7 = 3x + 6$，得 $-7 - 6 = 3x - 2x$；_____

从 $2x + 7 = 3x - 6$，得 $3x - 2x = 7 + 6$。_____

3. 若代数式 $3x - 4$ 与 $1 - 2x$ 的值互为相反数，则 x 的值是（　　　）。

A. 3　　　B. -3　　　C. $\dfrac{1}{3}$　　　D. $-\dfrac{1}{3}$

4. 解下列方程，并口算检验。

（1）$x + 5 = 3$

（2）$3x - 4 = 2x + 7$

（3）$(x + 1) - 2(x - 1) = 1 - 3x$

（4）$2(x - 2) - (4x - 1) = 3(1 - x)$

2. 二元一次方程示例

例2　解方程组：

$$\begin{cases} 3x + 2y = 13 & (1) \\ y = x - 1 & (2) \end{cases}$$

解　把(2)代入(1)，得

$3x + 2(x - 1) = 13$

解得 $x = 3$（3）

把(3)代入(2)，得 $y = 2$

所以原方程组的解为 $\begin{cases} x = 3 \\ y = 2 \end{cases}$

例3　下列各方程，哪些是二元一次方程，哪些不是，并说明理由。

（1）$3x + 7 = 0$　　　　　（2）$x^2 + y^2 = 4$

（3）$3x - y = 6$　　　　　（4）$\dfrac{1}{x} + \dfrac{1}{y} = 2$

（5）$2y^2 - 6y = 1$　　　　（6）$\dfrac{x}{3} + 2y = 1$

（7）$3mn = -1$　　　　　（8）$5(x - y) + 2(2x - 3y) = 4$

解　由二元一次方程的定义易知这里只有(3)、(6)、(8)是二元一次方程，因为它们含有两个未知数，并且未知项的次数都是 1 次，等号两边均为整式。而其余的均非二元一次方程。(1)只含一个未知数；(2)式中未知项均为二次；(4)左边不是整式；(5)式中未知项最高次是二次;(7)式中 mn 是二次。

例4 下列四组数中,是方程 $4x - y = 10$ 的解的是(　　　)。

A. $\begin{cases} x = 0 \\ y = 10 \end{cases}$　　　　　　B. $\begin{cases} x = 3.5 \\ y = -4 \end{cases}$

C. $\begin{cases} x = 15 \\ y = 4 \end{cases}$　　　　　　D. $\begin{cases} x = 1 \\ y = -6 \end{cases}$

解 关键是看哪一对 x, y 的值代入方程中使左、右两边相等,经检验 $\begin{cases} x = 1 \\ y = -6 \end{cases}$ 符合。

故选 D。

例5 一对数 $\begin{cases} x = 2 \\ y = 5 \end{cases}$ 是否为方程 $3x + 2y = 16$ 的一个解。

解 将 $\begin{cases} x = 2 \\ y = 5 \end{cases}$ 代入方程左边 $= 3 \times 2 + 2 \times 5 = 6 + 10 = 16$,右边 $= 16$,所以左边 = 右边

所以 $\begin{cases} x = 2 \\ y = 5 \end{cases}$ 是方程 $3x + 2y = 16$ 的解

例6 对于方程 $3x - 8y + 9 = 0$,用含 x 的代数式表示 y 应是(　　　)

A. $y = 24x + 72$　　　　　　B. $y = \dfrac{3}{8}x + \dfrac{9}{8}$

C. $y = -\dfrac{3}{8}x - \dfrac{9}{8}$　　　　　　D. $x = \dfrac{8}{3}y - 3$

解 结果应是左边是 y,右边是含 x 的代数式,由已知方程 $3x - 8y + 9 = 0$ 移项,$3x + 9 = 8y$,再将 y 的系数化为 1,即两边同乘以 $\dfrac{1}{8}$ 或除以 8,得 $\dfrac{3}{8}x + \dfrac{9}{8} = y$。

所以应选 B。

例7 (1)已知 $\begin{cases} x = 3 \\ y = 5 \end{cases}$ 是关于 x, y 的方程 $ax - 2y = 2$ 的解,求 a 的值。

(2)已知 $\begin{cases} x = 1 \\ y = 2 \end{cases}$ 与 $\begin{cases} x = 3 \\ y = c \end{cases}$ 都是关于 x, y 的方程, $x + y = b(b \neq 0)$ 的解,求 c 的值。

解 (1)这一问实际上是例2第(2)的一个延伸,即将 $\begin{cases} x = 3 \\ y = 5 \end{cases}$ 代入方程 $ax - 2y = 2$ 中得:

$3a - 2 \times 5 = 2$,由此得到一个关于 a 的一元一次方程,解此方程求出 $a = 4$,即可得答案。

(2)先将 $\begin{cases} x = 1 \\ y = 2 \end{cases}$ 代入方程,得 $1 + 2 = b$

所以 $b = 3$

所以方程此时变为 $x + y = 3$

再将 $\begin{cases} x = 3 \\ y = c \end{cases}$ 代入得,$3 + c = 3$,由此便可求出 $c = 0$。

例8 代入法解二元一次方程组。

$$\begin{cases} 3x - y = 7 & \text{①} \\ 5x + 2y = 8 & \text{②} \end{cases}$$

解 由①得：$y = 3x - 7$ ③

把③代入②得：$5x + 2(3x - 7) = 8$

$11x = 22$

所以 $x = 2$

再把 $x = 2$ 代入③得：$y = 3 \times 2 - 7 = -1$

所以 $\begin{cases} x = 2 \\ y = -1 \end{cases}$

另解 由②得：$y = \dfrac{8 - 5x}{2}$ ③

把③代入①，得：$3x - \dfrac{8 - 5 \times 2}{2} = 7$

化简得：$11x = 22$

所以 $x = 2$

再将 $x = 2$ 代入③得：$y = \dfrac{8 - 5 \times 2}{2} = -1$

所以 $\begin{cases} x = 2 \\ y = -1 \end{cases}$

例9 用加减法解方程组。

$(1)\begin{cases} 8x + 5y = 9 & \text{①} \\ 3x - 5y = 13 & \text{②} \end{cases}$

解 （1）将①＋②得：$11x = 22$

所以 $x = 2$

把 $x = 2$ 代入①得：$8 \times 2 + 5y = 9$

所以 $y = -\dfrac{7}{5}$

所以 $\begin{cases} x = 2 \\ y = -\dfrac{7}{5} \end{cases}$

提示：

● 解二元一次方程的重要思想就是消元，消元有代入消元法和加减消元法。如：例8是用的代入消元法，例9是用的加减消元法。

【自己动手4.3】

1. 下列方程组中，是二元一次方程组的有（　　　）。

$(1)\begin{cases} x = 1 \\ y = 2 \end{cases}$　　　　$(2)\begin{cases} 2x = 4 \\ 3y = 6 \end{cases}$

(3) $\begin{cases} y = 2x + 3 \\ y = 4x + 18 \end{cases}$ (4) $\begin{cases} 2x - y = 9 \\ 3x + 2y = 7 \end{cases}$

A. 1 个   B. 2 个   C. 3 个   D. 4 个

2. 下列不是 $2x + y = 2$ 的解的是(   )。

A. $\begin{cases} x = -2 \\ y = 6 \end{cases}$ B. $\begin{cases} x = 1.5 \\ y = -1 \end{cases}$

C. $\begin{cases} x = 2 \\ y = 0 \end{cases}$ D. $\begin{cases} x = \dfrac{5}{4} \\ y = -\dfrac{1}{2} \end{cases}$

3. 已知 $\dfrac{x}{3} + \dfrac{y}{4} = \dfrac{1}{2}$，用含 x 的代数式表示 $y = $ _____，用含 y 的代数式表

示 $x = $ _____。

4. 如果 $5x^{3m-2n} - 2y^{n-m} + 11 = 0$ 是二元一次方程，则 $m = $ _____，$n = $ _____。

5. 解方程组

(1) $\begin{cases} 3x - 2y = 7 \\ x = 3y \end{cases}$ (2) $\begin{cases} 2x + 3y = 7 \\ 2x - 3y = 1 \end{cases}$

(3) $\begin{cases} 5x + 2y = 25 \\ 3x + 4y = 15 \end{cases}$ (4) $\begin{cases} 3(x-1) = 4(y-4) \\ 5(y-1) = 3(x+5) \end{cases}$

3. 三元一次方程示例

例10 解方程组：$\begin{cases} x + y - z = 2 & (1) \\ x - y - z = -6 & (2) \\ x - y + z = 4 & (3) \end{cases}$

解 由(1) + (2)，得

$2x - 2z = -4$ (4)

由(1) + (3)，得

$2x = 6$ (5)

即 $x = 3$

由(5) - (4)，得

$2z = 10$

即 $z = 5$

把 $x = 3, z = 5$ 代入(1)解得 $y = 4$

所以 $\begin{cases} x = 3 \\ y = 4 \\ z = 5 \end{cases}$ 是原方程组的解

提示：

● 解方程组的重要思想是消元，消元有代入消元法和加减消元法。

【自己动手4.4】

1. 解方程组：

$(1)\begin{cases} 3x+4z=7 \\ 2x+3y+z=9 \\ 5x-9y+7z=8 \end{cases}$　　$(2)\begin{cases} x-z=4 \\ z-2y=-1 \\ x+y-z=-1 \end{cases}$

$(3)\begin{cases} 3x+2y+z=13 \\ x+y+2z=7 \\ 2x+2y-z=12 \end{cases}$　　$(4)\begin{cases} x+y-z=11 \\ y+z-x=5 \\ z+x-y=1 \end{cases}$

2. 甲、乙、丙三数的和是26，甲数比乙数大1，甲数的两倍与丙数的和比乙数大18，求这三个数。

任务二　二次方程（组）

一、一元二次方程（组）

1. 一元二次方程的知识要点

（1）一元二次方程的含义。只含有一个未知数，并且未知数的最高次数是 2 的方程，叫做一元二次方程，它的一般形式为：$ax^2 + bx + c = 0 (a \neq 0)$。

（2）一元二次方程的解法。一元二次方程常用的解法见下面示例。

2. 一元二次方程示例

（1）用直接开平方的方法，解一元二次方程。

例 11　解一元二次方程：$9x^2 - 16 = 0$

①分析。方程 $9x^2 - 16 = 0$ 没有一次项，可直接用开平方法解。即：

$A^2 = a$ 则 $A = \pm\sqrt{a}$

②参考答案。参考答案如下：

解　$9x^2 - 16 = 0$　$x^2 = 16$　$x = \pm 4$

（2）用提取公因式的方法，解一元二次方程。

例 12　解一元二次方程：$x^2 - 2x = 0$

①分析。方程 $x^2 - 2x = 0$ 没有常数项，可用提取公因式来因式分解。即：

$AB = 0$ 则 $A = 0$ 或 $B = 0$

②参考答案。参考答案如下：

解　因为 $x(x - 2) = 0$

所以 $x = 0$ 或 $x - 2 = 0$

即 $x = 0$ 或 $x = 2$

所以原方程的解为 $x_1 = 0, x_2 = 2$

例 13　解方程：$x^2 + 2x = 0$

解　$x^2 + 2x = 0$　$x(x + 2) = 0$

$x = 0$ 或 $x + 2 = 0$ 所以 $x = 0$ 或 $x = -2$

（3）利用平方差公式，解一元二次方程。

平方差公式：$(a^2 - b^2) = (a + b)(a - b)$，如果 $(a^2 - b^2) = 0$ 则有：

$(a + b)(a - b) = 0$ ➡ $a + b = 0$ 或 $a - b = 0$ ➡ $a = -b$ 或 $a = b$

例 14　解方程：$x^2 - 9 = 0$

解　因为 $(x + 3)(x - 3) = 0$

所以 $x + 3 = 0$ 或 $x - 3 = 0$

即 $x = -3$ 或 $x = 3$

所以原方程的解为 $x_1 = -3, x_2 = 3$

例 15　$x^2 - 4 = 0$

解　$(x^2-4)=0$ ➡ $(x+2)(x-2)=0$ ➡ $(x+2)=0$ 或 $(x-2)=0$

➡ $x=-2$ 或 $x=2$

例16　$(x-2)^2-9=0$

解　$(x-2)^2-9=0$ ➡ $[(x-2)+3][(x-2)-3]=0$

$(x+1)=0$ 或 $(x-5)=0$ ➡ $x=-1$ 或 $x=5$

（4）利用十字交叉乘法,解一元二次方程。

例17　解方程：$x^2+2x-3=0$

解　如图4.3所示,为方程 $x^2+2x-3=0$ 的十字交乘法示意图

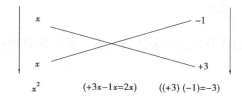

图4.3　方程 $x^2+2x-3=0$ 的十字交乘法示意图

所以 $x^2+2x-3=0$,可因式分解为：

$(x-1)(x+3)=0$　$(x-1)=0$ 或 $(x+3)=0$　$x=1$ 或 $x=-3$

例18　解方程：$2x^2-13x+6=0$

解　如图4.4所示,为方程 $2x^2-13x+6=0$ 的十字交乘法示意图

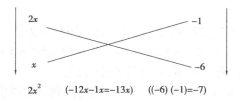

图4.4　方程 $2x^2-13x+6=0$ 的十字交乘法示意图

所以 $2x^2-13x+6=0$ 可因式分解为：

$(2x-1)(x-6)=0$　$(2x-1)=0$ 或 $(x-6)=0$　$x=\dfrac{1}{2}$ 或 $x=6$

（5）利用公式法求方程的根,解一元二次方程。 $ax^2+bx+c=0(a\neq0)$

公式法：$x_{1,2}=\dfrac{-b\pm\sqrt{b^2-4ac}}{2a}$（当 $b^2-4ac\geq0$）

公式法的一般步骤：

①把方程化为一般形式；

②写出方程的各项系数与常数项 a、b、c；

③一元二次方程 $ax^2+bx+c=0(a\neq0)$ 的根为；

④代入公式 。

例19　解方程：$x^2+7x+12=0$

解　因为 $a=1$,$b=7$, $c=12$

所以 $x_{1,2} = \dfrac{-b \pm \sqrt{b^2 - 4ac}}{2a} = \dfrac{-7 \pm \sqrt{7^2 - 4 \times 1 \times 12}}{2 \times 1} = \dfrac{-7 \pm 1}{2}$

即 $x_1 = \dfrac{-7 + 1}{2} = -3$，$x_2 = \dfrac{-7 - 1}{2} = -4$

例 20　解方程：$x^2 - 3x - 5 = 0$

解　因为 $a = 1$，$b = -3$，$c = -5$

所以 $x_{1,2} = \dfrac{-b \pm \sqrt{b^2 - 4ac}}{2a} = \dfrac{-(-3) \pm \sqrt{(-3)^2 - 4 \times 1 \times (-5)}}{2 \times 1} = \dfrac{3 \pm \sqrt{29}}{2}$

即 $x_1 = \dfrac{3 + \sqrt{29}}{2}$，$x_2 = \dfrac{3 - \sqrt{29}}{2}$

例 21　用合适的方法（因式分解法和公式法），解一元二次方程：

① $9x^2 - 16 = 0$

② $3(x - 2) = x(x - 2)$

③ $x^2 - 4x - 6 = 0$

④ $(3x + 2)^2 = 4(x - 3)^2$

⑤ $5x^2 + x = 0$

⑥ $3x^2 + 5(2x + 1) = 0$

⑦ $4x^2 - 4x + 1 = 0$

⑧ $(x + 3)^2 = 2$

⑨ $x^2 + 2x - 15 = 0$

解　解一元二次方程首先要观察方程，特殊方程用特殊方法，一般方程用一般的方法。这里 $9x^2 - 16 = 0$，$3(x - 2) = x(x - 2)$，$(3x + 2)^2 = 4(x - 3)^2$，$5x^2 + x = 0$，$(x + 3)^2 = 2$ 都是特殊方程，其中方程 $9x^2 - 16 = 0$ 没有一次项，用直接开平方法。

方程 $(x + 3)^2 = 2$ 用整体的思想，把 $(x + 3)$ 看作整体，则一次项也没有了，用直接开平方法。

方程 $(3x + 2)^2 = 4(x - 3)^2$，左边是平方数，右边也是平方数，故用直接开平方法。

方程 $5x^2 + x = 0$ 没有常数项，用提取公因式来因式分解。

方程 $3(x - 2) = x(x - 2)$ 有公因式 $(x - 2)$，故用因式分解法。

剩下的一般方程首先考虑因式分解法，其次为配方法，最后为公式法。

提示：

● 公式法虽然是万能的，对任何一元二次方程都适用，但不一定是最简单的，因此在解方程时我们首先考虑能否应用"直接开平方法"、"因式分解法"等简单方法，若不行，再考虑公式法，当方程 $ax^2 + bx + c = 0$（$a \neq 0$ 的左边 $ax^2 + bx + c$ 可以进行因式分解时，用因式分解法解较简单；当 $b^2 - 4ac \geq 0$ 时，任何一个一元二次方程都可以用公式法解。

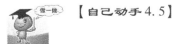【自己动手 4.5】

1. 用因式分解法解下列方程：

(1) $x^2 + 4x = 0$　　　　　　(2) $2x^2 + 3x = 0$　　　　　　(3) $\dfrac{1}{2}x^2 - x = 0$

（4）$x^2 - 25 = 0$　　　　（5）$4x^2 - 9 = 0$　　　　　（6）$x^2 - 2 = 0$

2. 用公式法解下列方程：

（1）$x^2 - 5x - 14 = 0$　　　　（2）$x^2 + 5x - 6 = 0$

（3）$3x^2 - 4x = 0$　　　　（4）$9x^2 - 4 = 0$

（5）$2x^2 + 3x - 6 = 0$　　　　（6）$x^2 - x - 1 = 0$

3. 用适当的方法解下列方程：

（1）$x^2 - 4x - 6 = 0$　　　　（2）$3x^2 + 5(2x + 1) = 0$

（3）$4x^2 - 4x + 1 = 0$　　　　（4）$x^2 + 2x - 15 = 0$

二、二元二次方程（组）

1. 二元二次方程的知识要点

（1）二元二次方程的特点是：

①含有两个未知数。

②是整式方程。

③含有未知数的项的最高次数是 2。

（2）**二元二次方程的定义。** 含有两个未知数，并且含有未知数的项的最高次数是 2 的整式方程叫做二元二次方程。

（3）**二元二次方程的一般形式。** 二元二次方程的一般形式是：

$ax^2 + bxy + cy^2 + dx + ey + f = 0$（$a$、$b$、$c$ 不同时为零）

其中：ax^2、bxy、cy^2 叫做二次项 。dx、ey 叫做一次项。f 叫做常数项。

（4）**二元二次方程组的定义。** 由一个二元二次方程和一个二元一次方程组成的方程及两个二元二次方程组成的方程组是我们所研究的二元二次方程组。

（5）**解二元二次方程组。** 解二元二次方程组也就是求方程组中两个方程的公共解。

（6）**解二元二次方程组的基本思想是消元和降次**，消元就是化二元为一元，降次就是把二次降为一次，因此可以通过消元和降次把二元二次方程组转化为二元一次方程组、一元二次方程甚至一元一次方程。

2. 二元二次方程的例子

例 22 解方程组

$$\begin{cases} x^2 - 4y^2 + x + 3y - 1 = 0 \\ 2x - y - 1 = 0 \end{cases}$$

分析：由于方程组是由一个二元一次方程和二元二次方程组成的，所以通过代入可以达到消元的目的，通过②得 $y = 2x - 1$ 再代入①可以求出 x 的值，从而得到方程组的解。

解　由②，得 $y = 2x - 1$ 把③代入①，整理，得 $15x^2 - 23x + 8 = 0$

解这个方程，得

$$x_1 = 1, x_2 = \frac{8}{15}$$

把 $x_1 = 1$ 代入③，得 $y_1 = 1$；把 $x_2 = \frac{8}{15}$ 代入③，得 $y_2 = \frac{1}{15}$

所以原方程的解是 $\begin{cases} x_1 = 1, \\ y_1 = 1; \end{cases} \begin{cases} x_2 = \dfrac{8}{15}, \\ y_2 = \dfrac{1}{15}。 \end{cases}$

【自己动手4.6】

1. 填空:方程 $x^2 + 4xy + 4y^2 = 9$ 可降次为方程_____和方程_____

2. 把下列各式因式分解

$x^2 - 3xy + 2y^2 = $ _____

$4x^2 - 9y^2 = $ _____

3. 把下列方程化成两个二元一次方程:

$x^2 - 5xy + 6y^2 = $ _____

$x^2 - 4xy + 3y^2 = $ _____

$x^2 - 6xy + 9y^2 = 16$ _____

$2x^2 - 5xy = 3y^2$ _____

三、专业实例

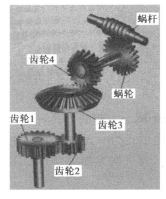

图4.5　一定轴轮系传动示意图

例23　如图4.5所示,为一定轴轮系传动示意图,该定轴轮系由齿轮、蜗轮、蜗杆组成,齿轮1、2为圆柱齿轮,齿轮3、4为圆锥齿轮。已知:齿轮1的齿数 $z_1 = 36$,齿轮2的齿数 $z_2 = 18$,齿轮3的齿数 $z_3 = 40$,齿轮4的齿数 $z_4 = 10$,蜗轮的齿数 $z_5 = 40$,蜗杆的齿数 $z_6 = 2$,试求齿轮1到蜗杆的传动比 $i_{16} = ?$

(1)分析。i 代表传动比,i_{16} 代表从齿轮1到齿轮6(齿轮6为蜗杆)的传动比。并且 $i_{16} = \dfrac{z_2 z_4 z_6}{z_1 z_3 z_5}$

(2)答案。参考答案如下:

解　$i_{16} = \dfrac{z_2 z_4 z_6}{z_1 z_3 z_5} = \dfrac{18 \times 10 \times 2}{36 \times 40 \times 40} = \dfrac{1}{160}$

例24　如图4.6所示,为钻孔示意图。使用直径 10 mm 的钻头,用 750 r/min 的转速,在工件上钻孔,求钻孔时的切削速度是多少?

(1)分析。如图4.6所示,钻孔时的切削速度 $V = \pi Dn/1\,000$。式中:

V 是钻孔时的切削速度,其单位是 m/mim

D 是钻头直径,其单位是 mm

n 是钻床转速,单位是 r/mim。

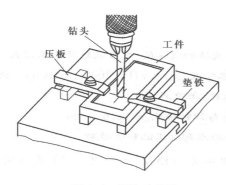

图 4.6 钻孔示意图

（2）答案。参考答案如下：

解 $V = \pi D n / 1\,000 = 3.14 \times 10 \times 750 / 1\,000 = 23.5(5\ \text{m/min})$

例 25 一对标准直齿圆柱齿轮，已知：两齿轮的传动比 $i_{12} = 3$，两齿轮的中心距 $a = 164$ mm，齿轮的模数 $m = 2$。求两齿轮的分度圆直径 d_1 和 d_2。

（1）**分析**。标准直齿圆柱齿轮的有关计算公式为：$i_{12} = z_2 / z_1$，$a = m \times (z_1 + z_2)/2$，$d_1 = z_1 \times m$，$d_2 = z_2 \times m$，其中：

z_1，z_2 分别是齿轮 1、齿轮 2 的齿数。

（2）答案。参考答案如下：

解 $\quad i_{12} = z_2/z_1 \qquad\qquad 3 = z_2/z_1 \qquad\qquad z_2 = 3z_1 \qquad (1)$

$a = m \times (z_1 + z_2)/2, \qquad 164 = 2 \times (z_1 + z_2)/2 \qquad z_1 + z_2 = 164 \qquad (2)$

把（1）代入（2）得：$z_1 = 41 \qquad z_2 = 123$

$d_1 = z_1 \times m = 41 \times 2 = 82 \qquad d_2 = z_2 \times m = 123 \times 2 = 246$

提示：

- 公式的详细含义请参考《机械基础》的相关教材。

【自己动手 4.7】

1. 如图 4.7 所示，为车削加工切削速度示意图。已知：工件待加工表面直径 $D = 40$ mm，工件每分钟的转数 $n = 800$ r/min，试求工件旋转的线速度 v？

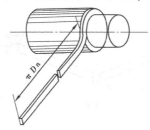

图 4.7 切削速度示意图

提示:

> ● 切削速度 v 就是工件旋转的线速度，也可以理解为车刀在 1 分钟内，车削工件表面的理论展开直线长度，其计算公式为：$v = \pi D\,n/1000$ （m/min）。式中：
>
> 1. D：工件待加工表面直径，单位为 mm。
>
> 2. n：车床主轴（即工件）每分钟转数，单位为 r/min
>
> ● 公式的详细含义请参考车削加工的相关教材。

2. 如图 4.8 所示的轮系，其中 $Z_1 = 15$，$Z_2 = 25$，$Z_{2'} = 15$，$Z_3 = 30$，$Z_{3'} = 15$，$Z_4 = 30$，$Z_{4'} = 2$，$Z_5 = 60$，求轮系传动比 i_{15}。

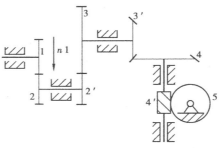

图 4.8　求轮系传动比 i_{15}

提示:

> ● 齿轮的分度圆直径 $d = z \times m$
>
> ● 齿轮的齿顶圆直径 $d_a = m \times (z+2)$
>
> ● 大齿轮的齿根圆直径 $d_{f2} = m \times (z - 2.5)$
>
> ● 公式的详细含义请参考车削加工的相关教材。

3. 已知一标准渐开线直齿圆柱齿轮，其齿顶圆直径 $d_{a1} = 77.5$ mm，齿数 $z_1 = 29$。现要求设计一个大齿轮与其相啮合，传动的安装中心距 $a = 145$ mm，试计算这个大齿轮的分度圆直径 d_2、齿顶圆直径 d_{a2}、齿根圆直径 d_{f2}。

4. 如图 4.9 所示，吊杆中 A, B, C 均为铰链连接，已知主动力 F，杆长 $AB = BC = L$，$BO = h$。求两吊杆的受力的大小。

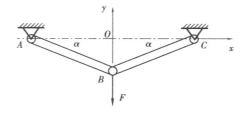

图 4.9　求两吊杆的受力的大小

项目内容：1. 直线方程

2. 同一平面内两条直线的位置关系

3. 点到直线的距离

4. 圆的方程、圆和直线的位置关系

5. 椭圆、抛物线、双曲线的方程

项目目的：1. 会求直线的方程；熟悉直线的点斜式、截距式、两点式、斜截式、一般式。

2. 了解平面内两直线的位置关系会判定平面内两条直线的位置关系，掌握用平行或垂直的条件解题。

3. 了解点到直线的距离的定义。掌握点到直线的距离公式。会求两平行线间的距离。理解圆的一般式方程、一般式。了解直线与圆的位置关系，理解判定直线与圆位置关系的条件，掌握判定直线与圆的位置关系的方法。

4. 了解二次曲线方程椭圆、双曲线、抛物线的图象、标准方程、性质、特点。

项目实施过程

专业引入

在数控编程中，经常要求基点的坐标。所谓基点就是：

零件的轮廓是由许多不同的几何要素所组成，如直线、圆弧、二次曲线等，各几何要素之间的连接点称为基点。基点坐标是编程中必需的重要数据。如图 5.1 所示，A,B,C,D,E 都为基点。

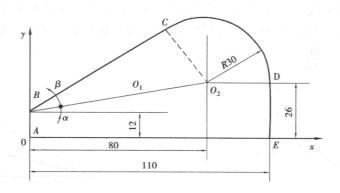

图 5.1　基点 A,B,C,D,E

如图 5.1 所示，要求基点 A,B,C,D,E 的坐标。

一、分析

如图5.1所示,很容易写出点 A,B,D,E 的坐标值,但点 C 的坐标,必须通过计算才能得知。点 C 是直线 AC 与圆 O_2 的切点,所以解由直线 AC 的方程与圆 O_2 的方程所组成的方程组,就可求得点 C 的坐标。以为了计算方便,列直线方程和圆的方程时,以 B 点为坐标原点。

二、答案

解　如图5.1所示,直接写出点 A,B,D,E 的坐标值,分别为:$A(0,0)$、$B(0,12)$、$D(110,26)$、$E(110,0)$。

以 B 点为坐标原点,直线方程和圆的方程分别为:

直线 AC 的方程:$y = \tan(\alpha + \beta)x$

圆 O_2 的方程:$(x-80)^2 + (y-14)^2 = 30$

解此方程组,可得 $x = 64.2786$,$y = 39.5507$。

换算到以 A 点为原点的坐标系中,C 点坐标为 $(64.2786, 51.5507)$（具体解析过程可参考第二章专业实训4）。

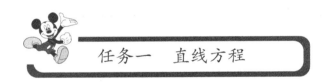

任务一　直线方程

一、直线倾斜角和斜率

1. 直线倾斜角和斜率知识点

（1）**直线的倾角**。如图5.2所示,直线 l 向上的方向与正 x 轴的夹角称为直线 l 的倾角 α 平行 x 轴直线的斜角规定为 $0°$,所以直线的倾角范围为 $0° \leq a < 180°$ 即 $0 \leq a < \pi$。

（2）**直线的斜率公式一**。由于直线倾斜的程度与倾角有关,如图5.3所示,当坡面 AC 与地面 AB 的角度越大,则我们说它的倾斜程度也越大,倾斜角 α 的正切可以表达"坡度",如 AC 的坡度为 $\tan \angle CAB = \dfrac{BC}{AB}$。

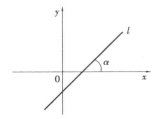

图5.2　直线 l 的倾角 α

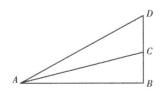

图5.3　直线的斜率公式一示意图

当 $\alpha \neq \dfrac{\pi}{2}$ 时,我们把 $\tan \alpha$ 叫做直线的斜率,记作 k,即:

$$k = \tan \alpha, \alpha \neq \dfrac{\pi}{2}$$

(3)**直线的斜率公式二**。如图 5.4 所示,直线 l 上已知两点 $P_1(x_1,y_1)$ 和 $P_2(x_2,y_2)$,其中 $x_1 \neq x_2$。

设直线 l 的倾斜角为 α,过 P_1、P_2 分别作 x 轴和 y 轴作垂线,则 $\alpha = \angle FP_1P_2$

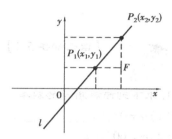

所以 $\tan \alpha = \tan \angle FP_1P_2 = \dfrac{P_2F}{P_1F} = \dfrac{y_2 - y_1}{x_2 - x_1}$ 即:

斜率 $\boxed{k = \dfrac{y_2 - y_1}{x_2 - x_1}(x_1 \neq x_2)}$

当 $x_1 = x_2$,$y_1 \neq y_2$(即直线和 x 轴垂直)时,直线的倾斜角 $\alpha = 90°$,没有斜率。

图 5.4 直线的斜率公式二示意图

2. 直线倾斜角和斜率的举例

例 1 已知直线倾斜角 $\alpha = 45°$ 时,求此直线的斜率。

解 $k = \tan 45° = 1$

所以,这条直线的斜率为 1。

例 2 已知直线过两点 P_1,P_2,求过下列两点的直线的斜率及倾角。

(1)$P_1(-2,3)$,$P_2(-2,8)$

(2)$P_1(5,-2)$,$P_2(-2,-2)$

(3)$P_1(2,0)$,$P_2(0,-2)$

(4)$P_1(3,2)$,$P_2(1,4)$

解 (1)因为 P_1 与 P_2 横坐标相等,故 P_1P_2 所在直线与 x 轴垂直,所以斜率不存在,倾角为 $\alpha = 90°$

(2)因为 P_1 与 P_2 竖坐标相等,故 $k = \dfrac{0}{-2-5} = 0$,所以斜率 $k = 0$,倾角 $\alpha = 0$

(3)$k = \dfrac{y_2 - y_1}{x_2 - x_1} = \dfrac{-2-0}{0-2} = 1$,因为 $0 \leqslant \alpha < \pi$,所以倾角 $\alpha = \dfrac{\pi}{4}$

(4)$k = \dfrac{y_2 - y_1}{x_2 - x_1} = \dfrac{4-2}{1-3} = -1$,因为 $0 \leqslant \alpha < \pi$,所以倾角 $\alpha = \dfrac{3}{4}\pi$

例 3 设 α 为直线 l 的倾角,设 k 为直线 l 的斜率,则当 $k \geqslant 0$ 及 $k < 0$ 时,与之相应的 α 的取值范围是什么?

解 如图 5.5 所示,当 $k \geqslant 0$ 时,$\alpha \in \left[0, \dfrac{\pi}{2}\right]$,当 $k < 0$ 时,$\alpha \in \left(\dfrac{\pi}{2}, \pi\right)$

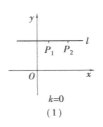 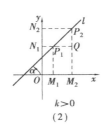 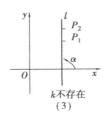 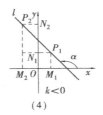

$k=0$	$k>0$	k不存在	$k<0$
（1）	（2）	（3）	（4）

图 5.5　直线倾斜角和斜率示例

【自己动手 5.1】

1. 求下列倾斜角 α 的斜率。

（1）$\alpha=0°,k=$ _____

（2）$\alpha=60°,k=$ _____

（3）$\alpha=120°,k=$ _____

（4）$a=\dfrac{\pi}{6},k=$ _____　　　$a=\dfrac{\pi}{4},k=$ _____

　　　$a=\dfrac{\pi}{3},k=$ _____　　　$a=\dfrac{2\pi}{3},k=$ _____

　　　$a=\dfrac{5\pi}{6},k=$ _____

2. 已知直线 l 经过两点 A,B，求 l 的斜率。

（1）$A(-2,5)$、$B(0,7)$；（2）$A(4,-3)$、$B(-1,2)$；

（3）$A(-1,2)$、$B(0,4)$；（4）$A(2,0)$、$B(0,3)$；

（5）$A(3,-4)$、$B(2,3)$；（6）$A(-3,1)$、$B(5,1)$；

3. 过点 $(3,0)$ 和点 $(4,\sqrt{3})$ 的斜率是 _____。

二、直线方程的概念及形式

1. 直线方程的概念

以一个方程的解为坐标的点都是某条直线上的点，反过来，这条直线上的点的坐标都是这个方程的解，这时，这个方程就叫做这条直线的方程，这条直线叫做这个方程的直线。

2. 直线方程的形式

直线方程的形式有：点斜式、斜截式、两点式、截距式和一般式等形式。

三、直线方程的点斜式

点斜式公式的推导

如图 5.6 所示，若直线 l 经过点 $P_1(x_1,y_1)$，且斜率为 k，求直线的方程。

图 5.6　点斜式公式的推导

解　设点 $P(x,y)$ 是直线 l 上不同于点 P_1 的任意一点,根据经过两点的直线的斜率公式,得 $k = \dfrac{y - y_1}{x - x_1}$,可化为 $y - y_1 = k(x - x_1)$,这种方程我们称为直线的**点斜式**方程。即:

$$\boxed{y - y_1 = k(x - x_1)}$$

提示:

- 已知直线上一点 $P(x_1,y_1)$,且直线的斜率为 k,就可用此公式求直线的方程。
- 直线的斜率 $k = 0$ 时,直线方程为 $y = y_1$;当直线的斜率 k 不存在时,不能用点斜式求它的方程。这时的直线方程为 $x = x_1$。

例4　如图 5.7 一条直线经过点 $P_1(1,3)$,倾斜角 $\alpha = 45°$,求这条直线的方程,并画出图形。

解　这条直线经过点 $P_1(1,3)$,斜率是: $k = \tan 45° = 1$

代入点斜式,得 $y - 3 = x - 1$

即: $x - y + 2 = 0$

所以此直线方程为: $x - y + 2 = 0$

其图形,如图 5.7 所示。

例5　如图 5.8 所示,平行于 x 轴的直线经过点 $P(3,-2)$,求此直线的方程。

解　因为平行于 x 轴,所以直线的斜率 $k = 0$

代入点斜式得: $y - (-2) = 0(x - 3)$

$y = -2$

所以此直线的方程为: $y = -2$

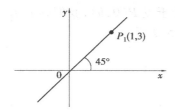

图 5.7　直线 $x - y + 2 = 0$ 的图形

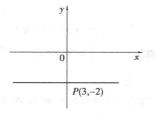

图 5.8　求直线的方程

提示:

- 形如 $Ax + By + C = 0$(其中 A、B 不同时为 0)叫做直线一般式方程,通常直线方程最后可变换成一般式。

【自己动手 5.2】

1. 经过点 $A(2,5)$,斜率是 4,则直线方程为＿＿＿＿＿＿＿＿＿＿＿＿(用一般式来表示)。

2. 已知直线过点 $M(-1,4)$,且倾斜角 $\alpha = 30°$,则直线方程为＿＿＿＿＿＿＿＿＿＿＿＿。

3. 已知直线经过点 $D(0,3)$，且倾斜角是 $0°$，则直线方程为＿＿＿＿＿＿＿＿＿＿＿。

4. 已知直线经过点 $E(4,-2)$，且倾斜角是 $120°$，则直线方程为＿＿＿＿＿＿＿＿＿＿＿。

5. 根据下列条件求直线方程，并化成一般式。

（1）直线过点 $A(-2,5)$，且斜率 $k=-2$；

（2）点 $P(2,0)$ 在直线上，且直线的倾斜角 $\alpha=45°$；

（3）直线过原点，且倾斜角 $\alpha=120°$；

（4）直线过点 $M(4,-3)$，且平行于 x 轴；

（5）直线过点 $N(-1,2)$，且平行于 y 轴；

6. 已知下列直线的点斜方程，试根据方程确定各直线经过的已知点、直线的斜率和倾斜角：

（1）$y-2=x-1$

（2）$y-3=\sqrt{3}(x-4)$

（3）$y+3=-(x-1)$

（4）$y+2=-\dfrac{\sqrt{3}}{3}(x+1)$

7. 写出下列直线的点斜式方程，并画出图形：

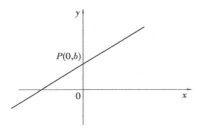

（1）经过点 $A(2,5)$，斜率是 4；

（2）经过点 $D(0,3)$，倾斜角是 $0°$；

（3）经过点 $E(4,-2)$，倾斜角是 $120°$；

图 5.9　直线在 y 轴上的截距 b

四、直线的斜截式方程

1. 直线在 y 轴上的截距 b

直线 l 与 y 轴相交于点 $P(0,b)$，我们称 b 为直线 l 在 y 轴上的**截距**，如图 5.9 所示。

【自己动手 5.3】

1. 图 5.10 中，求出各条直线在 y 轴上的截距 b。

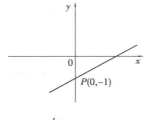

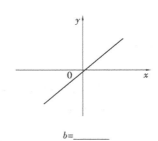

$b=$＿＿＿＿＿　　　　$b=$＿＿＿＿＿　　　　$b=$＿＿＿＿＿

图 5.10　求各条直线在 y 轴上的截距 b

2. 找出下列直线的斜率以及在 y 轴上的截距。

（1）直线 $y = 3x + \dfrac{2}{3}$，则直线斜率 $k = $ _____，在 y 轴上的截距 $b = $ _____。

（2）直线 $y = -x + 5$，则直线斜率 $k = $ _____，在 y 轴上的截距 $b = $ _____。

（3）直线 $y = -\dfrac{1}{2}x$，则直线斜率 $k = $ _____，在 y 轴上的截距 $b = $ _____。

（4）直线 $y = -5$，则直线斜率 $k = $ _____，在 y 轴上的截距 $b = $ _____。

2. 直线的斜截式方程推导

若直线 l 在 y 轴上的截距为 b，斜率为 k，求直线的方程。
如图 5.11 所示，那么，该直线过一点 $(0,b)$ 及直线的斜率 k，
由直线的点斜式得直线方程为 $y - b = k(x - 0)$ 移项得：

$$\boxed{y = kx + b}\ (当\ k \neq 0\ 时)$$

这就是直线的**斜截式**方程。

例 6 已知直线 l 的斜率为 k，在 y 轴上的截距为 b，求 l 的直线方程。

（1）$k = 2, b = 1$　　　　（2）$k = -3, b = 5$

解　（1）由题知直线方程为：$y = 2x + 1$

（2）由题知直线方程为：$y = -3x + 5$

例 7　求下列直线的斜率及在 y 轴上的截距。

（1）$3x - y - 2 = 0$　　　　（2）$2x + 4y + 1 = 0$

解　（1）将直线 $3x - y - 2 = 0$ 化为斜截式：$y = 3x - 2$

故直线的斜率 $k = 3$，在 y 轴上的截距 $b = -2$

（2）将直线 $2x + 4y + 1 = 0$ 化为斜截式：

$$4y = -2x - 1 \qquad\qquad y = -\dfrac{1}{2}x - \dfrac{1}{4}$$

故直线的斜率 $k = -\dfrac{1}{2}$，在 y 轴上的截距 $b = -\dfrac{1}{4}$

例 8　把直线 l 的方程 $x - 2y + 6 = 0$ 化成斜截式，求出直线 l 的斜率和在 x 轴与 y 轴上的截距，并画图。

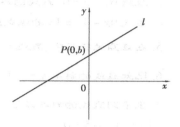

图 5.11　求直线的方程

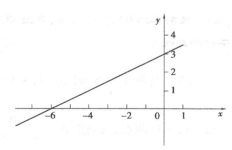

图 5.12　直线 $x - 2y + 6 = 0$ 化在 x 轴与 y 轴上的截距

解 直线 $l:x-2y+6=0$ 化成斜截式得 $y=\dfrac{1}{2}x+3$，所以直线 l 的斜率 $k=\dfrac{1}{2}$，l 在 y 轴上的截距 $b=3$，在 x 轴上的截距 $a=-6$，如图 5.12 所示。

【自己动手 5.4】

1. 直线 $5x+y-3=0$，直线的斜率 $k=$ _____，在 y 轴上的截距 $b=$ _____；

2. 直线 $-4x+2y=0$，直线的斜率 $k=$ _____，在 y 轴上的截距 $b=$ _____；

3. 直线 $6y-3=0$，直线的斜率 $k=$ _____，在 y 轴上的截距 $b=$ _____；

4. 直线 $9x-4y=36$ 的纵截距为 _____；

5. 在直角坐标系中，直线 $y=-\sqrt{3}x+1$ 的倾斜角为 _____；

6. 已知直线的斜率 $k=-1$，在 y 轴上的截距 $b=\dfrac{3}{4}$，则直线方程为 _____；

7. 求下列直线的斜率及在 y 轴上的截距，并画出直线；

$(1)\,3x+y-5=0$ $\qquad\qquad$ $(2)\,x+2y=0$

8. 写出倾斜角是 $135°$，y 轴上的截距是 3 直线的斜截式方程。

五、直线的两点式、截距式

直线的两点式、截距式的推导

直线 l 经过点 $P_1(x_1,y_1)$，$P_2(x_2,y_2)$，并且 $x_1\neq x_2$，所以它的斜率是 $k=\dfrac{y_2-y_1}{x_2-x_1}$，代入点斜式方程，得：$y-y_1=\dfrac{y_2-y_1}{x_2-x_1}(x-x_1)$，即：

$$\frac{y-y_1}{y_2-y_1}=\frac{x-x_1}{x_2-x_1}\quad(x_1\neq x_2,y_1\neq y_2)$$

这个方程由直线上两点确定，称为直线方程的**两点式**，其中 x_1，y_1，x_2，y_2 是直线两点 (x_1,y_1)，(x_2,y_2) 坐标。

提示：

• 当直线没有斜率 $(x_1=x_2)$ 或斜率为 $0(y_1=y_2)$ 时，不能用两点式求出它的方程，即方程只适用于与坐标轴不平行的直线。

例9 如图 5.13 所示，三角形的顶点是 $A(-5,0)$、$B(3,-3)$、$C(0,2)$，求这个三角形三边所在直线的方程。

解 直线 AB 过 $A(-5,0)$、$B(3,-3)$ 两点，由两点式得 $\dfrac{y-0}{-3-0}=\dfrac{x-(-5)}{3-(-5)}$

整理得：$3x+8y+15=0$，即直线 AB 的方程。

直线 BC 过 $C(0,2)$，斜率是 $k=\dfrac{2-(-3)}{0-3}=-\dfrac{5}{3}$，

由点斜式得:$y-2=-\dfrac{5}{3}(x-0)$

整理得:$5x+3y-6=0$,即直线 BC 的方程。

直线 AC 过 $A(-5,0)$,$C(0,2)$ 两点,由两点式得:

$\dfrac{y-0}{2-0}=\dfrac{x-(-5)}{0-(-5)}$

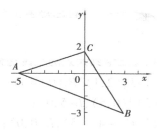

图 5.13　求三角形三边
所在直线的方程

整理得:$2x-5y+10=0$,即直线 AC 的方程。

例 10　已知矩形的三个顶点分别为 $O(0,0)$,$A(8,0)$,$B(0,5)$,求矩形的对角线所在直线方程。

解　设矩形的第四个顶点为 C,分析可得 $C(8,5)$,所以,对角线 OC

所在方程为 $\dfrac{y-0}{5-0}=\dfrac{x-0}{8-0}$　即 $5x-8y=0$

AB 所在直线方程为:$\dfrac{x}{8}+\dfrac{y}{5}=1$

即 $5x+8y-40=0$

例 11　求直线 $y=2x-4$ 在 y 轴和 x 轴上截距。

解　因为直线 $y=2x-4$

所以直线在 y 轴上的截距为 -4

当 $y=0$ 时,$x=2$

此时直线与 x 轴的交点为 $(2,0)$,所以直线在 x 轴上的截距为 2。

例 12　已知直线 l 与 x 轴的交点为 $(a,0)$,与 y 轴的交点为 $(0,b)$,其中 $a\neq0$,$b\neq0$,求直线 l 的方程。

解　因为直线 l 经过 $A(a,0)$ 和 $B(0,b)$ 两点,将这两点的坐标代入两点式,得:

$$\dfrac{y-0}{b-0}=\dfrac{x-a}{0-a},\boxed{\dfrac{x}{a}+\dfrac{y}{b}=1}$$

这一直线方程由直线在 x 轴和 y 轴上的截距确定,所以叫做直线方程的**截距式**;其中 a,b 分别为直线在 x 轴和 y 轴上截距,它们可以是正,也可以是负,当截距为零时,不能用截距式。

提示:

- 如果已知直线在两轴上的截距,可以直接代入截距式求直线的方程。
- 将直线的方程化为截距式后,可以观察出直线在 x 轴和 y 轴上的截距,这一点常被用来作图。
- 与坐标轴平行和过原点的直线不能用截距式表示。
- 要求直线的横截距和纵截距,应化成截距式或用分别令 $x=0$ 和 $y=0$ 的方法来求。

【自己动手5.5】

求经过下列两点的直线的两点式方程,再化成截距式方程,并根据截距式方程作图。

(1) $P_1(2,1)$, $P_2(0,-3)$;

(2) $A(0,5)$, $B(5,0)$;

(3) $C(-4,-5)$, $D(0,0)$;

(4) $C(-4,-3)$、$D(-2,-1)$。

任务二 平面内两条直线的位置关系

一、平面内两直线的位置关系

平面内两直线的位置关系有三种情况:平行、相交、重合

二、两条直线平行条件

1. 两条直线平行的条件,两条直线平行的条件,分为两种情况:

(1)**两直线若都存在斜率**。如图5.14所示,直线 $l_1:y=k_1x+b_1$, $l_2:y=k_2x+b_2$, $b_1 \neq b_2$,则它们平行的充要条件是:

$$\boxed{l_1 /\!/ l_2 \Leftrightarrow k_1 = k_2, b_1 \neq b_2}$$

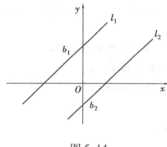

图5.14

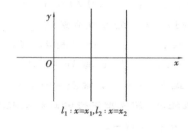

图5.15

提示:

- "$/\!/$"为平行的符号。

(2)若两条直线都不存在斜率。如图5.15所示直线: $l_1:x=x_1$, $l_2:x=x_2$

则: $\boxed{l_1 /\!/ l_2 \Leftrightarrow x_1 \neq x_2}$

另外: $\boxed{l_1 与 l_2 重合 \Leftrightarrow k_1 = k_2, b_1 = b_2}$

$\boxed{l_1 与 l_2 相交 \Leftrightarrow k_1 \neq k_2}$

2. 两条直线平行的示例

例13 如图5.16所示,判断直线 $l_1:x-y+2=0$, $l_2:$
$2x-2y+1=0$ 的位置关系,并说明理由。

解 由直线方程 $x-y+2=0 \Rightarrow y=x+2 \Rightarrow k_1=1$

$2x-2y+1=0 \Rightarrow y=x+\dfrac{1}{2} \Rightarrow k_2=1$

$k_1=1, k_2=1 \Rightarrow \alpha_1 = \alpha_2 = 45°$

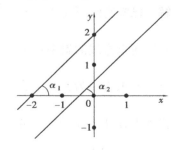

图5.16 判断直线的位置关系

又因为 $2 \neq -\dfrac{1}{2}$，所以 $l_1 // l_2$

所以两条直线平行。

【自己动手 5.6】

1. 填空

直线 $l_1 : y = k_1 x + b_1$，$l_2 : y = k_2 x + b_2$，l_1 和 l_2 位置关系分下面三种情况，请补充条件：

（1）当 $l_1 // l_2$ 时，k_1 _____ k_2，b_1 _____ b_2；

（2）当 l_1 与 l_2 重合时，k_1 _____ k_2，b_1 _____ b_2；

（3）当 l_1 与 l_2 相交时，k_1 _____ k_2。

2. 按照 l_1 和 l_2 位置关系判断条件，完成下列习题

（1）$l_1 : 2x - 4y + 7 = 0$ 与 $l_2 : 4x - 4y - 1 = 0$，其中 $k_1 =$ _____，$b_1 =$ _____，$k_2 =$ _____，$b_2 =$ _____，则 l_1 与 l_2 的位置关系是 _____。

（2）$l_1 : 2x - 6y + 7 = 0$ 与 $l_2 : x - 3y - 1 = 0$，其中 $k_1 =$ _____，$b_1 =$ _____，$k_2 =$ _____，$b_2 =$ _____，则 l_1 与 l_2 的位置关系是 _____。

（3）直线 $2x - 3y - 5 = 0$ 与 $4x - 6y = 10$ _____。（平行、重合或相交）

（4）直线 $2x + 7 = 0$ 与 $3x - 1 = 0$ _____。（平行、重合或相交）

（5）直线 $x - 3y = 1$ 与 $2x - 6y = 5$ _____。（平行、重合或相交）

3. 连连看（用线把平行的直线连起来）

$m_1 : y = 3x + 2$ $n_1 : 2x + 4y + 3 = 0$

$m_2 : y = 3$ $n_2 : x = 5$

$m_3 : x = -1$ $n_3 : 2x - 3y = 0$

$m_4 : x + 2y + 1 = 0$ $n_4 : y + 1 = 0$

$m_5 : 2x - 3y - 1 = 0$ $n_5 : 3x - y + 1 = 0$

例 14 求过点 $A(1, -4)$ 且与直线 $2x + 3y + 5 = 0$ 平行的直线的方程。

解 已知直线可化为 $y = -\dfrac{2}{3}x - \dfrac{5}{3}$，其中斜率 $k_1 = -\dfrac{2}{3}$

所以所求直线的斜率：$k = k_1 = -\dfrac{2}{3}$

可令所求直线为：$y = -\dfrac{2}{3}x + b$

代入点 $A(1, -4)$ 得 $\quad -4 = -\dfrac{2}{3} \times 1 + b$

所以 $b = -\dfrac{10}{3}$

所求直线为 $y = -\dfrac{2}{3}x - \dfrac{10}{3}$

即 $2x + 3y + 10 = 0$

例 15 求经过点 $M(-3, 4)$，且平行于直线 $x - 5 = 0$ 的直线方程。

解　这是属于斜率不存在的情形,那么,从上面公式可知相应的直线方程为 $x = -3$

【自己动手5.7】

1. 求分别适合下列条件的直线方程

(1)经过点 $P(1,-3)$,且平行于直线 $4x + 7y - 2 = 0$

(2)经过点 $Q(0,-6)$,且平行于直线 $2x - 5y + 3 = 0$

2. 求平行于直线 $3x - 2y = 0$,且经过点 $Q(0,3)$ 的直线方程

3. 已知直线 l 经过 $A(1,2)$,且与直线 $y = -3x + 7$ 平行,求直线 l 的方程

4. 求经过点 $M(-2,1)$,且平行于直线 $x = 3$ 的直线方程

三、两条直线垂直相交条件

两条直线垂直的条件,分为两种情况:

(1)**两直线若都存在斜率**。如图 5.17 所示 $\boxed{l_1 \perp l_2 \Leftrightarrow \alpha_2 = \alpha_1 + 90°(\text{当}\ \alpha_2 > \alpha_1\ \text{时})}$

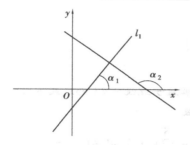

图 5.17

提示:

● "$\perp$" 为垂直的符号。

$\alpha_2 = \pi - \alpha$,所以 $\tan \alpha_2 = \tan(\pi - \alpha) = -\tan \alpha$

$\alpha + \alpha_1 = \dfrac{\pi}{2}$,所以 $\tan \alpha = \cot \alpha_1 = \dfrac{1}{\tan \alpha_1}$

所以 $\tan \alpha_2 = -\dfrac{1}{\tan \alpha_1}$,即 $\tan \alpha_2 \cdot \tan \alpha_1 = -1$

即 $k_1 \cdot k_2 = -1$

$$\boxed{l_1 \perp l_2 \Leftrightarrow k_1 \cdot k_2 = -1 \Leftrightarrow k_1 = -\dfrac{1}{k_2}}$$

即如果两垂直直线分别存在斜率 k_1,k_2 ,那么它们的斜率之积为 -1 ,或称两垂直线的斜率互为负倒数。

(2)**若一条直线斜率不存在**。若一条直线斜率不存在,则 $l_1 \perp l_2$ 的充要条件为另一条直线斜率为 0 。

如:直线 $x = 1$ 与直线 $y = -2$ 的位置关系是垂直相交,因为一条直线 $x = 1$ 的斜率不存在,而另一条直线 $y = -2$ 直线斜率为 0。

例 16 求过点 $A(1,2)$,且与直线 $2x - 3y + 5 = 0$ 垂直的直线的方程。

解 已知直线 $2x - 3y + 5 = 0$ 可化为 $y = \dfrac{2}{3}x + \dfrac{5}{3}$,其中斜率为 $\dfrac{2}{3}$

因为所求直线与已知直线垂直,所以它的斜率 $k = -\dfrac{3}{2}$

由点斜式得 $3x + 2y - 7 = 0$

例 17 已知两条直线 $l_1 : 2x - 4y + 7 = 0$,$l_2 : 2x + y - 5 = 0$,

求证:$l_1 \perp l_2$。

证明 l_1 直线可化为 $y = \dfrac{1}{2}x + \dfrac{7}{4}$,其中斜率 $k_1 = \dfrac{1}{2}$,l_2 直线可化为 $y = -2x + 5$,其中斜率 $k_2 = -2$。

因为 $k_1 \cdot k_2 = \dfrac{1}{2} \times (-2) = -1$

所以 $l_1 \perp l_2$

【自己动手 5.8】

1. 求经过点 $M(-2,1)$,且垂直于直线 $x = 3$ 的直线方程。

2. 判断下列两直线是否垂直

(1) $y = \sqrt{2}x + 1$ 与 $y = -\dfrac{\sqrt{2}}{2}x + 3$,其中 $k_1 = $ _____,$k_2 = $ _____,那么这两条直线 _____。

(2) $l_1 : 2x - 6y + 7 = 0$ 与 $l_2 : 3x - y - 1 = 0$,其中 $k_1 = $ _____,$k_2 = $ _____,那么这两条直线 _____。

(3) $l_1 : x + 4y + 7 = 0$ 与 $l_2 : 4x - y - 1 = 0$,其中 $k_1 = $ _____,$k_2 = $ _____,那么这两条直线 _____。

(4) $y = x$ 与 $y = -x$ 其中 $k_1 = $ _____,$k_2 = $ _____,那么这两条直线 _____。

(5) $2x - 5 = 0$ 与 $6y - 1 = 0$ 其中 $k_1 = $ _____,$k_2 = $ _____,那么这两条直线 _____。

3. 求分别适合下列条件的直线方程。

(1) 经过点 $P(1,-3)$,且垂直于直线 $4x + 7y - 2 = 0$

(2) 经过点 $Q(3,-5)$,且垂直于直线 $2x + 5y - 2 = 0$

任务三　点到直线的距离

1. 示例

例18　如图5.18所示,求点 $P(3,5)$ 到直线 $L:y=2$ 的距离?

解　点 $P(3,5)$ 到直线 L 的距离为: $d=|5-2|=3$

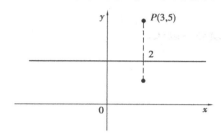

图 5.18

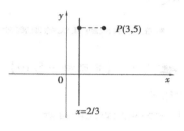

图 5.19

例19　如图5.19所示求点 $P(3,5)$ 到直线 $L:x=2/3$ 的距离?

解　点 $P(3,5)$ 到直线 L 的距离为: $d=\left|3-\dfrac{2}{3}\right|=\dfrac{7}{3}$

2. 点到特殊直线的距离公式

已知 $P(x_0,y_0)$,当直线平行 x 轴时,点 $P(x_0,y_0)$ 到直线 L 的距离为:为 $d=|y_0-y_1|$;当直线平行 y 轴时,点 $P(x_0,y_0)$ 到直线 L 的距离为: $d=|x_0-x_1|$。

【自己动手5.9】

求下列点到直线的距离

(1)点 $A(-3,2)$ 到直线 $L:y=-3$ 的距离为_____。

(2)点 $P(-1,2)$ 到直线 $L:3x=2$ 的距离为_____。

(3)点 $P(5,-4)$ 到两坐标轴的距离和为_____。

(4)直线 $x=-1$ 与直线 $x=7$ 间的距离是_____。

3. 点 $P(x_0,y_0)$ 到一般直线 $L:Ax+By+C=0$ 的距离公式

如图5.20所示,一般情况下,点 $P(x_0,y_0)$ 到直线 $L:Ax+By+C=0$ 的距离公式为:

$$d=\dfrac{|Ax_0+By_0+C|}{\sqrt{A^2+B^2}}$$

4. 点到直线距离公式举例

例20　求点 $P_0(-1,2)$ 到下列直线的距离:

(1) $2x+y-10=0$　　　　(2) $3x=2$

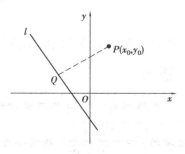

图 5.20

解 （1）根据点到直线的距离公式,得

$$d = \frac{|2 \times (-1) + 2 - 10|}{\sqrt{2^2 + 1^2}} = \frac{10}{\sqrt{5}} = 2\sqrt{5}$$

（2）化直线 $3x = 2$ 为直线的一般式得:$3x - 2 = 0$

$$d = \frac{|3 \times (-1) - 2|}{\sqrt{3^2 + 0^2}} = \frac{-5}{3} = -\frac{5}{3}$$

提示:

● 在运用点到直线的距离公式时,直线方程必须为一般式。

 【自己动手5.10】

1. 下列点到直线的距离

（1）点 $P(-3,1)$,直线 $2x - 5y + 3 = 0$

（2）点 $M(4,0)$,直线 $7x - 2y - 25 = 0$

（3）点 $Q(5,-2)$,直线 $4x + 3 = 0$

（4）点 $N(-1,6)$,直线 $2y - 5 = 0$

2. 求点 $M(3,1)$ 到下列直线的距离

（1）$x + y - 1 = 0$,则 $d = $ _____

（2）$4x - 3y = 0$,则 $d = $ _____

（3）$2y - 1 = 0$,$d = $ _____

3. 求点 $P(-1,2)$ 到直线 $L: \dfrac{x}{5} + \dfrac{y}{10} = 1$ 的距离。

例21 求平行线 $4x - 3y + 8 = 0$ 和 $4x - 3y - 6 = 0$ 的距离。

解 在直线 $4x - 3y + 8 = 0$ 上任取一点 $P(-2,0)$,则点 $P(-2,0)$ 到直线 $4x - 3y - 6 = 0$ 的距离就是两平行线间的距离,

则

$$d = \frac{|4 \times (-2) - 3 \times 0 - 6|}{\sqrt{4^2 + (-3)^2}} = \frac{14}{5}$$

所以这两条平行线间的距离为 $\dfrac{14}{5}$。

提示:

● 直线 $l_1 \parallel l_2$,且其方程分别为:$l_1: Ax + By + C_1 = 0$,$l_2: Ax + By + C_2 = 0$,则 l_1 与 l_2 的

距离为 $\boxed{d = \dfrac{|C_1 - C_2|}{\sqrt{A^2 + B^2}}}$,称为平行线的距离公式。

【自己动手5.11】

1. 求平行线 $5x - 2y + 1 = 0$ 与 $5x - 2y - 4 = 0$ 之间的距离。

2. 用平行线距离公式检验例21。

任务四　圆的方程及圆和直线的位置关系

一、圆的标准方程和一般方程

1. 圆的标准方程和一般方程的概述

（1）**圆的定义**。平面内与定点 C 的距离等于定长 r 的点的集合（轨迹）是圆，定点 C 就是圆的圆心，定长 r 就是圆的半径。如图 5.21 所示。

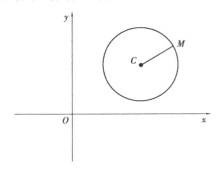

图 5.21　圆的定义

（2）**圆的标准方程**。根据圆的定义，我们来求圆心是 $C(a,b)$，半径是 r 的圆的方程。如图 5.21 所示，设 $M(x,y)$ 是圆上任意一点，根据定义，点 M 到圆心 C 的距离等于半径 r，由两点间的距离公式，点 M 适合的条件可表示为：

$$\sqrt{(x-a)^2+(y-b)^2}=r$$

两边平方，得方程：

$$\boxed{(x-a)^2+(y-b)^2=r^2}$$

就是圆心为 (a,b)，半径为 r 的圆的方程，我们把它叫做圆的标准方程。

提示：

● 求圆的方程必须知道圆心坐标和半径这两个要素。

（3）**圆的一般式方程**。我们把圆的标准方程 $(x-a)^2+(y-b)^2=r^2$ 展开，得：

$$x^2+y^2-2ax-2by+a^2+b^2-r^2=0$$

可见，任何一个圆的方程都可以写成下面的形式：

$$\boxed{x^2+y^2+Dx+Ey+F=0}$$

这是圆的一般式方程。

2. 圆的标准方程和一般方程的举例

例22　写出下列各个圆的标准方程：

（1）圆心为 $D(-2,3)$，半径 $r=2$

（2）圆心为原点，半径 $r=5$

解　（1）圆心 $D(-2,3)$，即 $a=-2,b=3$，半径 $r=2$

所以圆的标准方程为：

$$(x+2)^2+(y-3)^2=4$$

（2）圆心为原点 $(0,0)$，即 $a=0,b=0$，半径 $r=5$

所以圆的标准方程为：

$$(x-0)^2+(y-0)^2=25$$

即
$$x^2+y^2=25$$

例 23 写出下列各圆的圆心坐标和半径

$(1)(x-7)^2+(y+5)^2=15$ 　　　　$(2)x^2+\left(y-\dfrac{1}{2}\right)^2=2$

解　(1)圆心坐标为$(7,-5)$,半径为$\sqrt{15}$

(2)圆心为$\left(0,\dfrac{1}{2}\right)$,半径为$\sqrt{2}$

例 24　下列方程表示的图形是不是圆?如果是圆,写出它的圆心坐标和半径。

$(1)x^2+y^2-4x+6y+9=0$;

$(2)x^2+y^2-4x+6y+13=0$

$(3)x^2+y^2-4x+6y+15=0$

解　(1)把圆方程的左端分别对x、y配方,得

$$x^2-4x+2^2-2^2+y^2+6y+3^2-3^2+9=0$$

即
$$(x-2)^2+(y+3)^2=4$$

因此,原方程表示的图形是圆,它的圆心坐标为$(2,-3)$,半径为2。

(2)把原方程左端分别对x、y配方,得

$$(x-2)^2+(y+3)^2=0$$

由此方程得出

$$x-2=0 \text{且} y+3=0$$

即
$$x=2,y=-3$$

因此,原方程表示的图形是一个点,它的坐标是$(2,-3)$

(3)把原方程左端分别对x、y配方,得

$$(x-2)^2+(y+3)^2=-2$$

无论x、y取什么数,上述方程的左端都大于等于0,而右端小于0,因此原方程无解,从而它不表示任何图形。

【自己动手5.12】

1. 求下列各圆的圆心坐标和半径

$(1)(x-1)^2+(y-4)^2=9$,其中圆心为_____,半径$r=$_____。

$(2)(x+3)^2+y^2=5$,其中圆心为_____,半径$r=$_____。

$(3)x^2+y^2=49$,其中圆心为_____,半径$r=$_____。

$(4)x^2+(y+5)^2=7$,其中圆心为_____,半径$r=$_____。

$(5)(x-2)^2+(y+1)^2=121$,其中圆心为_____,半径$r=$_____。

2. 写出下列各个圆的标准方程

(1)圆心为$D(-5,2)$,半径为$\sqrt{5}$,则圆的标准方程为_____。

(2)圆心为$P(0,2)$,半径为4,则圆的标准方程为_____。

(3)圆心为$A(-2,-3)$,且经过点$B(1,1)$,则圆的半径$r=$_____,圆的标准方程

为_____。

（4）写出圆心为 $(1,2)$，半径为 3 的圆的标准方程。

3. 下列方程表示的图形是不是圆？如果是圆，写出它的圆心坐标和半径。

（1）$x^2+y^2-4x+6y=0$　　　　（2）$x^2+y^2-10x+9=0$

（3）$x^2+y^2-3x+5y+10=0$　　　（4）$x^2+y^2+6x-8y+25=0$

3. 直线与圆的位置关系

如图 5.22 所示，设圆心 $O(a,b)$ 到直线 l_1,l_2,l_3 的距离分别为 d_1,d_2,d_3，圆的半径为 r，则距离与半径的关系见表 5.1。

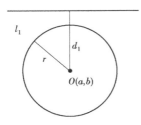 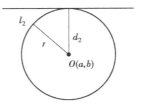 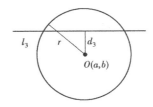

图 5.22

表 5.1　距离与半径的关系

直线和圆的位置关系	相交	相切	相离
公共点个数	2	1	0
圆心到直线距离 d 与半径 r 的关系	$d<r$	$d=r$	$d>r$
公共点名称	交点	切点	无
直线名称	割线	切线	无

例 25　判断下列各小题中的直线与圆的位置关系：

（1）直线 $2x-3y+1=0$，圆 $x^2+y^2=1$；

（2）直线 $3x+4y-20=0$，圆 $(x+1)^2+(y-2)^2=9$；

（3）直线 $x+2y-10=0$，圆 $(x-3)^2+(y-1)^2=4$；

解　（1）圆 $x^2+y^2=1$ 的圆心为 $(0,0)$，半径为 $r=1$

圆心 $(0,0)$ 到直线 $2x-3y+1=0$ 的距离为

$$d=\frac{|1|}{\sqrt{2^2+(-3)^2}}=\frac{1}{\sqrt{13}}<1$$

所以 $d<r$

因此所给直线与圆相交。

（2）圆 $(x+1)^2+(y-2)^2=9$ 的圆心为 $(-1,2)$，半径为 $r=3$

圆心 $(-1,2)$ 到直线 $3x+4y-20=0$ 的距离为

$$d=\frac{|3\times(-1)+4\times2-20|}{\sqrt{3^2+4^2}}=\frac{15}{5}=3$$

所以 $d=r$

因此所给直线与圆相切。

（3）圆 $(x-3)^2+(y-1)^2=4$ 的圆心为 $(3,1)$，半径 $r=2$

圆心 $(3,1)$ 到直线 $x+2y-10=0$ 的距离为

$$d=\frac{\mid 3+2-10\mid}{\sqrt{1^2+2^2}}=\frac{5}{\sqrt{5}}=\sqrt{5}>2$$

所以 $d>r$

因此所给直线与圆相离。

【自己动手5.13】

1. 直线 $x+y=0$，圆 $(x-1)^2+y^2=4$，其中圆的圆心为_____，圆的半径 $r=$_____，则圆心到直线 $x+y=0$ 的距离 $d=$_____，d_____r，因此直线与圆_____。

2. 直线 $3x-4y+5=0$，圆 $x^2+y^2=1$，其中圆的圆心为_____，圆的半径 $r=$_____，则圆心到直线 $3x-4y+5=0$ 的距离 $d=$_____，d_____r，因此直线与圆_____。

3. 直线 $2x-y+7=0$，圆 $(x-5)^2+(y+2)^2=36$，其中圆的圆心为_____，圆的半径 $r=$_____，则圆心到直线 $2x-y+7=0$ 的距离 $d=$_____，d_____r，因此直线与圆_____。

4. 直线 $x-3y+2=0$，圆 $(x+2)^2+(y-5)^2=40$，其中圆的圆心为_____，圆的半径 $r=$_____，则圆心到直线 $x-3y+2=0$ 的距离 $d=$_____，d_____r，因此直线与圆_____。

5. 直线 $3x-6=0$，圆 $x^2+(y-2)^2=5$，其中圆的圆心为_____，圆的半径 $r=$_____，则圆心到直线 $3x-6=0$ 的距离 $d=$_____，d_____r，因此直线与圆_____。

6. 判定直线 $y=x$ 与圆 $x^2+y^2-4x+6y+9=0$ 的位置关系。

任务五　椭圆、抛物线、双曲线

一、椭圆的标准方程

1. 椭圆的定义及标准方程

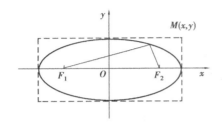

图 5.23　椭圆的定义

（1）**椭圆的定义**。平面内与两个定点 F_1、F_2 的距离之和是常数（大于 $|F_1F_2|$ ）的点的轨迹。两个定点 F_1、F_2 称为焦点，两焦点之间的距离称为焦距，记为 $2c$。若设 M 为椭圆上的任意一点，则 $|MF_1| + |MF_2| = 2a$。如图 5.23 所示。

（2）**椭圆的标准方程**。椭圆的标准方程有两种：

①**椭圆标准方程**为 $\dfrac{x^2}{a^2} + \dfrac{y^2}{b^2} = 1\,(a > b > 0)$。如图 5.24 所示，设点 $M(x,y)$ 是椭圆上任意一点，且椭圆的焦点坐标为 $F_1(-c,0)$、$F_2(c,0)$　$b^2 = a^2 - c^2$，$a^2 = b^2 + c^2$

②**椭圆标准方程**为 $\dfrac{y^2}{a^2} + \dfrac{x^2}{b^2} = 1\,(a > b > 0)$。如图 5.25 所示，设点 $M(x,y)$ 是椭圆上任意一点，且椭圆的焦点坐标为 $F_1(0,-c)$、$F_2(0,c)$　$b^2 = a^2 - c^2$，$a^2 = b^2 + c^2$

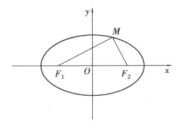

图 5.24　椭圆标准方程示意图一

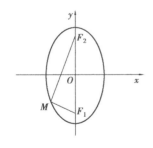

图 5.25　椭圆标准方程
示意图二

2. 椭圆举例

例 26　用定义判断下列动点 M 的轨迹是否为椭圆。

（1）平面内，到 $F_1(-2,0)$，$F_2(2,0)$ 的距离之和为 6 的点的轨迹。（$a = 3 > c = 2$ 故是）

（2）平面内，到 $F_1(0,-2)$，$F_2(0,2)$ 的距离之和为 4 的点的轨迹。（$a = 2 = c = 2$ 故不是）

（3）平面内，到 $F_1(-2,0)$，$F_2(2,0)$ 的距离之和为 3 的点的轨迹。（$a = \dfrac{3}{2} < c = 2$ 故不是）

例 27　已知椭圆的焦点在 x 轴上，焦距是 6，椭圆上一点到两个焦点距离之和是 10，写出这个椭圆的标准方程。

解　因为 $2c = 6$，$2a = 10$，所以 $c = 3$，$a = 5$，从而 $b^2 = a^2 - c^2 = 5^2 - 3^2 = 16$

由于焦点在 x 轴上，因此这个椭圆的标准方程是 $\dfrac{x^2}{25} + \dfrac{y^2}{16} = 1$

将椭圆满足条件：$a = 5$ 且焦点坐标为 $F_1(-3,0)$、$F_2(3,0)$ 与例 26 的条件进行比较。

提示:

　　确定焦点的位置。从椭圆的标准方程可判断椭圆焦点的位置,通过分析可得:含 x^2、y^2 的分式的分母值大,焦点就在那个轴上。

【自己动手5.14】

1. 判断下列椭圆的焦点的位置

① $\dfrac{x^2}{100} + \dfrac{y^2}{64} = 1$ ② $\dfrac{x^2}{9} + \dfrac{y^2}{25} = 1$

2. 椭圆 $\dfrac{x^2}{100} + \dfrac{y^2}{36} = 1$ 上一点 P 到焦点 F_1 的距离等于6,则点 P 到另一焦点 F_2 的距离是_____。

3. 方程 $\dfrac{x^2}{10-k} + \dfrac{y^2}{k-5} = 1$ 表示焦点在 y 轴上的椭圆,则 k 的取值范围是(   )

A. $k < 10$ B. $k > 5$ C. $5 < k < 10$ D. $7.5 < k < 10$

二、双曲线的标准方程

1. 双曲线的知识

（1）**双曲线的定义**。如图5.26所示,平面内与两个定点 F_1、F_2 的距离的差的绝对值是常数 $2a$（$a > 0$ 且小于 $|F_1F_2|$）的点的轨迹叫做双曲线。这两个定点叫做双曲线的焦点,这两个焦点间的距离叫做焦距,记作 $2c$（$c > 0$）。

（2）**双曲线的标准方程**。双曲线的标准方程有两种形式:

① 如果双曲线的焦点在 x 轴上,焦点是 $F_1(-c, 0)$、$F_2(c, 0)$,这里 $c^2 = a^2 + b^2$,那么**双曲线的标准方程为**:$\dfrac{x^2}{a^2} - \dfrac{y^2}{b^2} = 1$（$a > 0, b > 0$）如图5.27所示。

② 如果双曲线的焦点在 y 轴上,即焦点 $F_1(0, -c)$,$F_2(0, c)$,这里 $c^2 = a^2 + b^2$,那么**双曲线的标准方程为**:$\dfrac{y^2}{a^2} - \dfrac{x^2}{b^2} = 1$（$a > 0, b > 0$）如图5.28所示。

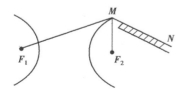
图5.26　双曲线的定义

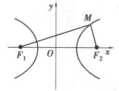
图5.27　焦点在 x 轴上的双曲线

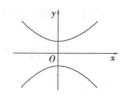
图5.28　焦点在 y 轴上的双曲线

提示：

- 双曲线的标准方程与其定义可联系起来记忆，定义中有"差"，则方程"－"号连接。
- 双曲线方程中 $a > , b > 0$，但 a 不一定大于 b。
- 如果 x^2 的系数是正的，那么焦点在 x 轴上，如果 y^2 的系数是正的，那么焦点在 y 轴上，有别于椭圆通过比较分母的大小来判定焦点的位置。
- 双曲线标准方程中 a、b、c 的关系是 $c^2 = a^2 + b^2$，不同于椭圆方程中 $c^2 = a^2 - b^2$。

2. 双曲线举例

例28 双曲线两个焦点的坐标为 $F_1(-5,0)$，$F_2(5,0)$，曲线上的点与两焦点的距离的差的绝对值等于 8；

求双曲线的标准方程：

解 由已知，得 $c = 5$，$2a = 8$ 即 $a = 4$。

因为 $c^2 = a^2 + b^2$，所以 $b^2 = c^2 - a^2 = 5^2 - 4^2 = 9$

又因为双曲线的焦点在 x 轴上，所以所求的双曲线标准方程是 $\dfrac{x^2}{16} - \dfrac{y^2}{9} = 1$

例29 两个焦点的坐标分别是 $(0,-6)$，$(0,6)$，且双曲线经过点 $A(-5,6)$。

解 由已知，得 $c = 6$，且焦点在 y 轴上，双曲线的标准方程设 $\dfrac{y^2}{a^2} - \dfrac{x^2}{b^2} = 1$。

因为点 $A(-5,6)$ 在双曲线上，所以点 A 与两焦点的距离的差的绝对值是常数 $2a$，即

$$2a = \left| \sqrt{(-5)^2 + (6+6)^2} - \sqrt{(-5)^2 + (6-6)^2} \right| = |13 - 5| = 8$$

得 $a = 4$，$b^2 = c^2 - a^2 = 6^2 - 4^2 = 20$

因此，所求的双曲线标准方程是 $\dfrac{y^2}{16} - \dfrac{x^2}{20} = 1$

例30 求满足下列条件的双曲线方程

(1) 若 $a = 4$，$b = 3$，焦点在 x 轴上；

(2) 若 $a = 25$，经过点 $A(2,-5)$，焦点在 y 轴上。

解 (1) 因为 $a = 4$，$b = 3$，并且焦点在 x 轴上，

所以 所求的双曲线方程为：$\dfrac{x^2}{16} - \dfrac{y^2}{9} = 1$。

(2) 由题意设双曲线的标准方程为：$\dfrac{y^2}{a^2} - \dfrac{x^2}{b^2} = 1$。

已知 $a = 2\sqrt{5}$，且双曲线经过点 $A(2,5)$，

所以 代入双曲线方程得

$\dfrac{25}{20} - \dfrac{4}{b^2} = 1$，即 $\dfrac{4}{b^2} = \dfrac{1}{4}$。

所以 $b^2 = 16$，

所以 所求的双曲线的标准方程为

$$\frac{y^2}{20}-\frac{x^2}{16}=1。$$

【自己动手5.15】

1. 已知双曲线 $a=4,b=3$，焦点在 x 轴上；求双曲线的标准方程。

2. 已知双曲线焦点是 $F_1(0,-6)$ 和 $F_2(0,6)$ 经过点 $A(2,-5)$，求双曲线的标准方程。

3. 已知双曲线 C 的方程是 $\frac{y^2}{16}-\frac{x^2}{20}=1$，求双曲线 C 的焦点 F_1,F_2 的坐标？如果双曲线 C 上一点 P 与焦点 F_1 的距离等于 8，求点 P 与焦点 F_2 的距离？

三、抛物线的标准方程

1. 抛物线的知识

（1）**抛物线的定义**。平面内与一个定 F 和一条定直线 L 的距离相等的点的轨迹叫抛物线，（其中点 F 不在直线 L 上）。

（2）**抛物线标准方程**。抛物线标准方程有四种形式，见表5.2。

表5.2　抛物线的标准方程

方程	焦点	准线	图形
$y^2=2px(p>0)$	$F\left(\frac{p}{2},0\right)$	$x=-\frac{p}{2}$	
$y^2=-2px(p>0)$	$F\left(-\frac{p}{2},0\right)$	$x=\frac{p}{2}$	
$x^2=2py(p>0)$	$F\left(0,\frac{p}{2}\right)$	$y=-\frac{p}{2}$	
$x^2=-2py(p>0)$	$F\left(0,-\frac{p}{2}\right)$	$y=\frac{p}{2}$	

2. 抛物线举例

例31　（1）已知抛物线的标准方程是 $y^2=6x$，求它的焦点坐标和准线方程。

（2）已知抛物线的焦点是 $F(0,-2)$，求它的标准方程。

解　（1）因为 $P=3$，所以焦点坐标是 $\left(\frac{3}{2},0\right)$，准线方程是 $x=-\frac{3}{2}$

(2)因为焦点在 y 轴的负轴上,并且 $\frac{p}{2}=2$, $P=4$,所以所求抛物线的标准方程是 $x^2=-8y$。

例32 根据已知条件分别写出抛物线标准方程。

(1)经过点(2,2)。

(2)焦点在直线 $x-y+1=0$ 上。

解 (1)依题意,设标准方程为 $y^2=2px$ 或 $x^2=2py$,将(2,2)分别代入都得 $P=1$,故所求标准方程为 $y^2=2x$ 或 $x^2=2y$

(2)焦点是直线 $x-y+1=0$ 与坐标轴的交点故焦点 $F(0,1)$ 或 $(-1,0)$ 从而标准方程为 $x^2=4y$ 或 $y^2=4x$。

【自己动手5.16】

1. 抛物线 $y=4x^2$ 的焦点坐标是＿＿＿＿＿＿＿＿,准线方程是＿＿＿＿＿＿＿＿

2. 抛物线焦点是 $F(3,0)$;抛物线的标准方程

3. 抛物线的焦点到准线的距离是 2;抛物线的标准方程

四、专业实例

例33 如图 5.29 所示,以 O 点为坐标原点,确定各点的坐标。

(1)分析。如图 5.29 所示,很容易写出点 F,C,D 的坐标值,但点 B 的坐标,必须通过计算才能得知。点 B 是 $R15$ 圆弧与 $R5$ 圆弧的切点,解该两个圆的方程组,就可求得点 B 的坐标。

(2)参考答案。参考答案如下:

解 如图 5.29 所示,直接写出点 F,C,D 的坐标值,分别为:$F(-27,11)$、$C(-31,13)$、$D(-40,13)$。

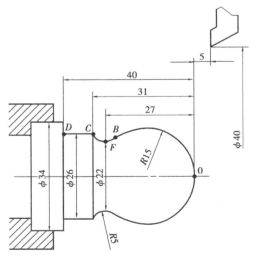

图 5.29 确定各点坐标

圆 $R5$ 的方程为 $(x+a)^2+(y+b)^2=5^2$

把点 F、点 C 的坐标,代入圆 $R5$ 的方程,解得圆 $R5$ 的圆心坐标为 $(-27,16)$

即圆 $R5$ 的方程为：$(x+27)^2 + (y+16)^2 = 5^2$

圆 $R15$ 的方程为：$(x+15)^2 + y^2 = 15^2$

解此方程组，可得 $x = -24, y = 12$

例 34　如图 5.30 所示，为数控车削零件图样，求椭圆弧线两端点 A、B 的坐标（设坐标点在前端面中心点上）

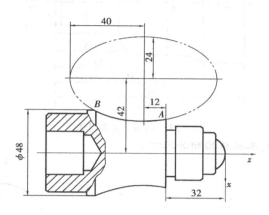

图 5.30　求椭圆弧线两端点 A、B 的坐标

（1）分析如图 5.30 所示，由图可知：点 A 的 z 坐标为 -32；点 B 的 x 坐标为 48。

通过椭圆方程 $\dfrac{x^2}{A^2} + \dfrac{z^2}{B^2} = 1$，可求出点 A 的 x 坐标和点 B 的 z 坐标；

（2）答案

解　①点 A 的 x 坐标。点 A 的 z 坐标为 -32，椭圆长轴为 40，短轴为 24，椭圆中心距工件轴线 42，A 点距椭圆中心在 z 方向上相距 12；利用椭圆标准方程可得：

$$\frac{x^2}{24^2} + \frac{12^2}{40^2} = 1$$

$$x = 22.895$$

点 A 的 x 坐标为 $2 \times (42 - 22.895) = 38.21$

②求点 B 的 z 坐标。点 B 的 x 坐标为 48，椭圆长轴为 40，短轴为 24，B 点距椭圆中心在 x 方向上相距 $42 - 48 \div 2 = 18$；利用椭圆标准方程可得：

$$\frac{18^2}{24^2} + \frac{z^2}{40^2} = 1$$

$$z = 26.458$$

点 B 的 z 坐标为 $-(26.458 + 12 + 32) = -70.458$

　【自己动手 5.17】

1. 如图 5.31 所示，试确定各点的坐标。

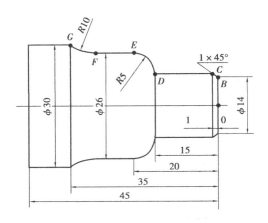

图 5.31　确定各点的坐标

2. 如图 5.33(a)所示,求基点的相关尺寸。

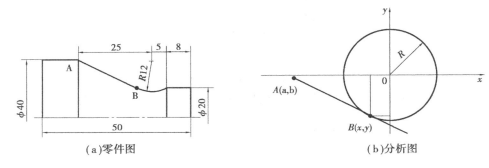

(a)零件图　　　　　　　　　(b)分析图

图 5.32　求基点的相关尺寸

提示:

● 作出图 5.32(b)所示的各条辅助线,为了分析方便,把 R12 的圆心,设为直角坐标系原点。

3. 用数学计算的方法,确定如图 5.33 中所示的基点 A、B 及 R15 圆心的位置。

4. 用数学计算的方法,确定如图 5.34 中所示的切点的位置。

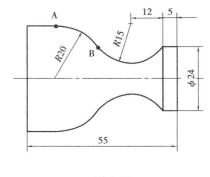

图 5.33

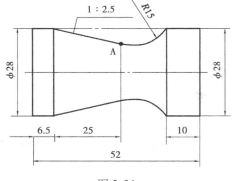

图 5.34

项目内容: 1. 空间几何体

　　　　　2. 点、线、面之间的位置关系

　　　　　3. 三视图初步

项目目的:

　　1. 通过项目学习,学生从对空间几何体的整体观察入手,直观认识空间几何体的结构特征,理解空间点、线、面的位置关系,并会用数学语言表述空间有关平行、垂直的性质与判定,能运用这些结论对有关空间位置关系的简单命题进行论证。

　　2. 能说出棱柱、棱台、棱锥、圆柱、圆锥、圆台和球的定义、结构特征和相关概念。了解一些简单几何体的表面积与体积的计算方法。

项目实施过程

专业引入

　　作为一个机械加工人员,必须能看懂零件图样。要看懂图样,首先必须搞清楚零件的图样是如何画出来的。机械零件的图样是以正投影为理论基础,采用三视图的原理,根据机械制图的一些规定表达方法,绘制出来的。

　　零件是由一些基本的几何体组成,基本的几何体由面组成,面由线组成,线由点组成,因此,作为机械专业的学生,学习一些立体几何以及三视图的基本知识,很有必要。

例1 在坐标系中,作出点 $A(15,10,20)$ 的空间位置图形,并绘制点 A 三面投影。

解 在坐标系中,点 $A(10,15,20)$ 的空间位置图形,如图6.1所示。

其三面投影,如图6.2所示

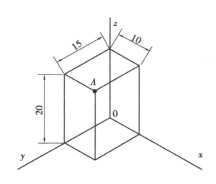

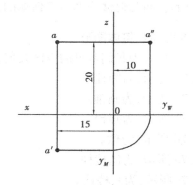

图6.1 点 $A(10,15,20)$ 的空间位置图形　　　图6.2 点 $A(10,15,20)$ 的三面投影

例2 如图6.3所示,试想出其几何体的形状及点 A 位置。

解 几何体的形状及点 A 位置,如图6.4所示

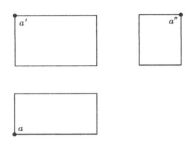

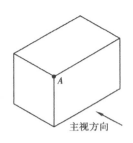

图6.3 点在视图上的投影 　　　　　　　　 图6.4 几何体的形状及点 A 的位置

例3 车削零件的图形,如图6.5所示,试想出其立体形状。

解 其立体形状,如图6.6所示。

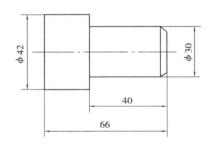

图6.5 车削零件的图形　　　　　　 图6.6 车削零件的立体形状示意图

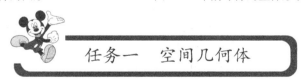

任务一　空间几何体

一、常见的空间几何体图形与几何体的类型

1. 常见的空间几何体图形

如图6.7所示,为我们常见的空间几何体图形,其中:

如图6.7a所示,为圆柱。

如图6.7b所示,为圆锥。

如图6.7c所示,为圆台。

如图6.7d所示,为球。

如图6.7e所示,为四棱柱。

如图6.7f所示,为六棱柱。

如图6.7g所示,为四棱锥。

如图6.7h所示,为六棱锥。

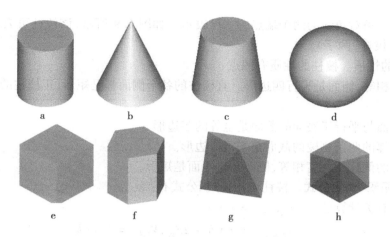

图6.7 常见的空间几何体图形

2. 几何体的类型

（1）**多面体**。由若干个平面多边形围成的几何体,围成多面体的各个多边形叫做多面体的面,相邻两个面的公共边叫做多面体的棱,棱与棱的公共点叫做顶点。如棱柱、棱锥、棱台等。

（2）**旋转体**。把一个平面图形绕它所在平面内的一条定直线旋转形成的封闭几何体。其中,这条定直线称为旋转体的轴。如圆柱、圆锥、圆台、球等。

二、棱柱

1. 棱柱知识要点

（1）**棱柱的含义和特点**。有两个面互相平行,其余各面都是四边形,并且每相邻两个四边形的公共边都互相平行,由这些面所围成的几何体叫做棱柱。如图6.8所示。

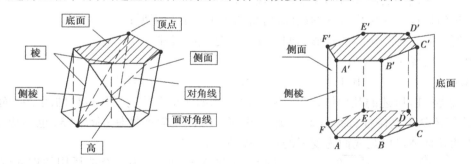

图6.8 常见棱柱的直观图形

棱柱的特点有:

①面的特点。有两个面互相平行,其余各面为四边形。

②线的特点。每相邻两个四边形的公共边都互相平行。

（2）**棱柱的表示法**。棱柱的表示法有两种,如图6.9所示。

①用底面各顶点的字母表示。如图6.9所示,该棱柱可表示为棱柱 $A_1B_1C_1D_1—ABCD$。

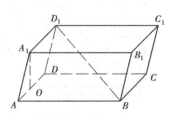

图6.9 棱柱的表示法

②用表示一条对角线的两个端点的字母表示。如图 6.9 所示,该棱柱可表示为棱柱 D、B(一定要冠以"棱柱"两字)。

(3)**棱柱的性质**。棱柱的性质有四点:

①侧棱都相等,侧面是平行四边形。直棱柱的各个侧面都是矩形,正棱柱的各个侧面都是全等的矩形。

②两个底面与平行于底面的截面是全等的多边形。

③过不相邻的两条侧棱的截面是平行四边形。

④直棱柱的侧棱长与高相等,侧面与对角面是矩形。

(4)**棱柱面积、体积公式**。棱柱面积、体积公式有:

①直棱柱有关计算公式。$S_{直棱柱侧} = c \cdot h$

$$S_{直棱柱全} = c \cdot h + 2S_{底}, V_{棱柱} = S_{底} \cdot h$$

其中:$S_{直棱柱侧}$ 为直棱柱侧面积;$S_{直棱柱全}$ 为直棱柱全面积;$S_{底}$ 为直棱柱底面面积;

$V_{棱柱}$ 为直棱柱体积;c 为底面周长;h 为棱柱的高。

②斜棱柱侧面积公式。$S = C_1 l$

其中:S 为斜棱柱侧面积;C_1 是斜棱柱直截面周长;l 是斜棱柱的侧棱长

提示:

● 斜棱柱侧面积公式是利用斜棱柱的侧面展开图为平行四边形得出的。

2. 棱柱示例

例 4 有下列四个命题:

(1)有两个面平行,其余各面都是平行四边形的几何体叫做棱柱;

(2)有两侧面与底面垂直的棱柱是直棱柱;

(3)过斜棱柱的侧棱作棱柱的截面,所得图形不可能是矩形;

(4)所有侧面都是全等的矩形的四棱柱一定是正四棱柱。

其中正确命题的个数为[   ]

A. 0　　　　　　B. 1　　　　　　C. 2　　　　　　D. 3

解　命题(1)所述的几何体,可以不是棱柱,例如两个全等的斜四棱柱的两个底面重合在一起的几何体就不是棱柱;命题(2)所述的几何体可以是斜四棱柱;命题(3)也不成立;命题(4)所述的几何体可以是底面为菱形的直四棱柱,因此选 A。

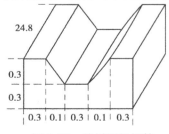

图 6.10　造桥用的钢筋混凝土预制件

例 5 如图 6.10 所示,为一个造桥用的钢筋混凝土预制件(单位:米),浇制一个这样的预制件需要多少立方米混凝土?(钢筋体积略去不计,精确到 0.01 立方米)

解　将预制件看成由一个长方体挖去一个底面为等腰梯形的直四棱柱。

$$S_{底} = 0.6 \times 1.1 - \frac{1}{2}(0.5 + 0.6) \times 0.3 = 0.54(平方米)$$

$$V = S_{底} \cdot h = 0.54 \times 24.8 \approx 13.39(立方米)$$

例 6 如图 6.11 所示,有一堆相同规格的六角螺帽,毛坯共重 5.8 kg。已知底面六边形的边长是 12 mm,高是 10 mm,内孔直径是 10 mm。那么毛坯约有多少个?(铁的比重是 7.8 g/cm³)

图 6.11 六角螺帽

分析 六角螺帽毛坯的体积是一个正六棱柱的体积与一个圆柱的体积的差,再由此比重算出一个六角螺帽毛坯的重量即可。

解 因为 $V_{正六棱柱} = \dfrac{\sqrt{3}}{4} \times 12^2 \times 6 \times 10 \approx 3.74 \times 10^3 (\text{mm}^3)$

$$V_{圆柱} = 3.14 \times \left(\dfrac{10}{2}\right)^2 \times 10 \approx 0.785 \times 10^3 (\text{mm}^3)$$

所以一个毛坯的体积为

$V = 3.74 \times 10^3 - 0.785 \times 10^3 \approx 2.96 \times 10^3 (\text{mm}^3) = 2.96 (\text{cm}^3)$

毛坯约有 $5.8 \times 10^3 \div (7.8 \times 2.96) \approx 251 (个)$

答:这堆毛坯约有 251 个。

【自己动手 6.1】

1. 如图 6.12 所示,哪些几何体是棱柱? _____

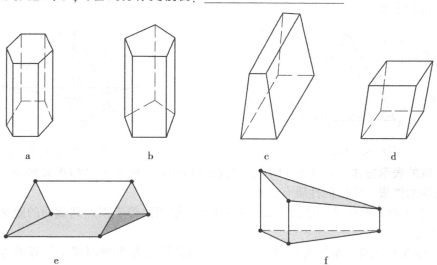

图 6.12 找出是棱柱的几何体

2. 一个棱柱是正四棱柱的条件是(　　　　)

　　A. 底面是正方形,有两个侧面垂直于底面

　　B. 每个侧面是全等的矩形

　　C. 底面是菱形,且有一个顶点处的三条棱两两垂直

　　D. 底面是正方形,有两个侧面是矩形

3. 棱柱的侧面是＿＿＿＿＿形,直棱柱的侧面是＿＿＿＿＿形,正棱柱的侧面是＿＿＿＿＿矩形。

4. 假设在青藏铁路的某段路基需要用碎石铺垫。已知路基的形状尺寸,如图 6.13 所示(单位:米),问:修建 1 千米的铁路,需要碎石多少立方米?

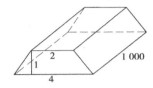

图 6.13　路基的形状尺寸

提示:

● 这是一个底面是梯形的直四棱柱的体积问题。(请把图形立起来看)。

三、棱锥

1. 棱锥的知识点

(1)**棱锥**。有一个面是多边形,其余各面有一个公共顶点的三角形,由这些面所围成的几何体叫做棱锥。如图 6.14 所示。

(2)**正棱锥**。底面是正多边形;顶点在底面的射影为底面的中心,这样的棱锥叫做正棱锥。如图 6.15 所示。

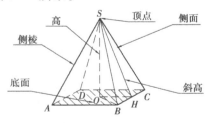

图 6.14　棱锥

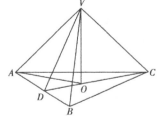

图 6.15　正棱锥的概念

(3)**棱锥的表示方法**。如图 6.14 所示的棱锥可表示为,棱锥 S-ABCDE 或棱锥 S-AC。

(4)**棱锥的性质**。棱锥的性质有:

①平行于底面的截面是与底面相似的正多边形,相似比等于顶点到截面的距离与顶点到底面的距离之比;

②一个棱锥可以四个面都为直角三角形。正四棱锥的各个侧面都是全等的等腰三角形(不是等边三角形),正四面体是各棱相等,而正三棱锥是底面为正三角形,而侧棱与底棱不一定相等。

③正棱锥具有的性质有:

各侧棱相等,各侧面都是全等的等腰三角形。

正棱锥的斜高相等。

正棱锥中六个元素,即侧棱、高、斜高、侧棱在底面内的射影、斜高在底面的射影、底面边长一半,构成四个直角三角形。

提示:

● 射影:过斜线上斜足外的一点向平面引垂线,过垂足和斜足的直线叫做斜线在这个平面内的射影。垂足和斜足间线段叫这点到这个平面的斜线段在这个平面内的射影。

● 如图 6.16 点 O——点 A 在平面上的射影;AO——点 A 到平面的垂线段;AB——平面的一条斜线;B——斜足;线段 AB——斜线段;直线 BO——斜线 AB 在平面上的射影。

(5)**棱锥面积、体积公式。** 如图 6.17 所示,棱锥面积、体积公式如下:

$$S_{\text{正棱锥侧}} = \frac{1}{2}ch'$$

$$S_{\text{正棱锥全}} = \frac{1}{2}ch' + S_{\text{底}}$$

$$V_{\text{棱锥}} = \frac{1}{3}S_{\text{底}} \cdot h$$

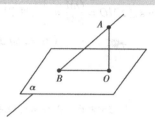

图 6.16

其中:$S_{\text{正棱锥侧}}$——正棱锥的侧面面积;$S_{\text{正棱锥全}}$——正棱锥的全面积;$V_{\text{棱锥}}$——棱锥的体积;c——底面周长;h'——侧面斜高;h——棱锥的高

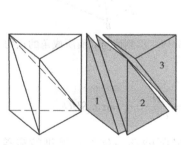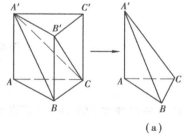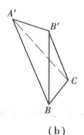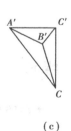

图 6.17 棱锥面积、体积公式示意图

提示:

● 如图 6.17 所示,可用割补法直观看出求几何体的体积和面积。

2. 棱锥示例

例 7 如图 6.18 所示已知:正四棱锥 $S\text{-}ABCD$ 中,底面边长为 2,斜高为 2。

求:(1)侧棱长;

(2)棱锥的高;

(3)侧棱与底面所成的角;

(4)侧面与底面所成的角。

证明 连接 SO,由正棱锥性质有 $SO \perp$ 面 $ABCD$。取 BC 的中点 M,连接 SM,OM。因为等

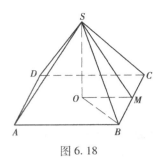

图 6.18

腰 $\triangle SBC$，所以 $SM \perp BC$。在 $\mathrm{Rt}\triangle SMB$ 中，$SM = 2$，$BM = \dfrac{1}{2}BC = 1$，

所以 $SB = \sqrt{5}$。

在 $\mathrm{Rt}\triangle SOM$ 中，$OM = \dfrac{1}{2}AB = 1$，所以 $SO = \sqrt{3}$。

因为 $SO \perp$ 面 AC，所以 $\angle SBO$ 为侧棱与底面所成的角。在

$\mathrm{Rt}\triangle SOB$ 中，$\tan \angle SBO = \dfrac{SO}{OB} = \dfrac{\sqrt{3}}{2 \times \dfrac{\sqrt{2}}{2}} = \dfrac{\sqrt{6}}{2}$。

因为 $SM \perp BC$，$OM \perp BC$，所以 $\angle SMO$ 为侧面与底面所成二面角的平面角，在 $\mathrm{Rt}\triangle SMO$ 中，

$\cos \angle SMO = \dfrac{OM}{SM} = \dfrac{1}{2}$，所以 $\angle SMO = 60°$。

 【自己动手 6.2】

1. 如图 6.19 所示，已知：正三棱锥的侧面与底面所成的角为 $60°$。求：侧棱与底面所成角的正切。

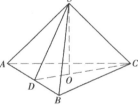

图 6.19　求侧棱与底面所成角的正切

提示：

● 如图 6.19 所示，可利用直角三角形 SOC，$\tan \angle SCO = \dfrac{SO}{OC} = \dfrac{1}{2}\tan \angle SDO$

2. 如图 6.20 所示，已知：正棱锥的底面边长为 a，底面多边形的边心距为 r，棱锥的高为 h。求：它的侧棱长。

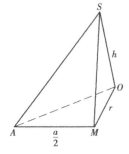

图 6.20　求棱锥的侧棱长

提示：

> • 如图 6.20 所示，在 $\text{Rt}\triangle SOM$ 中，$SM^2 = h^2 + r^2$。在 $\text{Rt}\triangle SAM$ 中：
> $$SA = \sqrt{\left(\frac{a}{2}\right)^2 + h^2 + r^2} = \sqrt{h^2 + r^2 + \frac{a^2}{4}}$$

四、棱台

1. 棱台知识点

（1）**棱台**。用一个平行于底面的平面去截棱锥，我们把截面与底面之间的部分称为棱台。如图 6.21 所示。

（2）**正棱台的性质**。正棱台的性质有：

①各侧棱相等，各侧面都是全等的等腰梯形。

②正棱台的两个底面以及平行于底面的截面都是正多边形。

（3）**棱台的表面积、体积公式**。棱台的表面积、体积公式有：

$$S_{全} = S_{上底} + S_{下底} + S_{侧}$$

$$V_{棱台} = \frac{1}{3}(S + \sqrt{SS'} + S')h$$

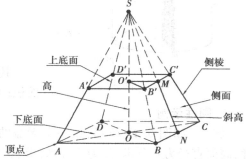

图 6.21　棱台示意图

其中：$S_{全}$——棱台的全面积；$S_{上底}$——棱台的上底面面积；$S_{下底}$——棱台的下底面面积；$S_{侧}$——棱台的侧面面积；$V_{棱台}$——棱台的体积；S, S'——上，下底面的面积；h——棱台的高。

提示：

> • $V_{棱台} = \dfrac{h}{6}(S_0 + 4S_1 + S_2)$
>
> • 常见几何体的面积、体积统一公式：$A = \dfrac{h_0}{6}(C_0 + 4C_1 + C_2)$
> $$V = \frac{h_0}{6}(S_0 + 4S_1 + S_2)$$
>
> （其中 A——几何体侧面积，C_0——上底面周长，C_1——中间横截面周长，C_2——下底面周长，V——几何体体积，S_0——上底面面积，S_1——中间横截面面积，S_2——下底面面积，h——高，h_0——斜高或母线长。注：中间横截面为上、下底等距离的截面。）

2. 棱台示例

例 8　已知正四棱台容器量得斜高为 1.3 m，上、下底面边长分别为 0.8 m 和 1.8 m，求容器能盛多少水？

解　$h = \sqrt{1.3^2 - \left(\dfrac{1.8 - 0.8}{2}\right)^2} = 1.2$，$a_1 = \dfrac{1}{2}(0.8 + 1.8) = 1.3$

$$V = \frac{h}{6}(S_0 + 4S_1 + S_2) = \frac{1.2}{6}(0.8^2 + 4 \times 1.3^2 + 1.8^2) = 2.128 \text{ m}^3 = 2.128 \text{ 吨}$$

则容器能盛 2.128 吨水。

五、圆柱

1. 圆柱知识点

（1）**圆柱**。以矩形的一边所在的直线为旋转轴，其余各边旋转而形成的曲面所围成的几何体叫圆柱。如图 6.22 所示。

（2）**圆柱的性质**。圆柱的性质有：

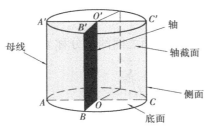

图 6.22　圆柱

上底、下底及平行于底面的截面都是等圆。

过轴的截面（轴截面）是全等的矩形。

（3）**面积、体积公式**。面积、体积公式有：

$$S_{圆柱侧} = 2\pi rh$$
$$S_{圆柱全} = 2\pi rh + 2\pi r^2$$
$$V_{圆柱} = S_{底} h = \pi r^2 h$$

其中：$S_{圆柱侧}$——圆柱的侧面面积；$S_{圆柱全}$——圆柱的全面积；$V_{圆柱}$——圆柱的体积；r——底面半径；h——圆柱高。

2. 圆柱示例

例9　如图 6.23 所示，做一个无盖的圆柱形铁皮水桶，底面直径为 4 分米，高为 5 分米，求至少需要多大面积的铁皮？

解　根据 $S_{圆柱全} = S_{侧} + S_{下}$

$$S_{侧} = 2\pi rh = 2\pi 2 \times 5 = 20\pi$$
$$S_{下} = \pi r^2 = \pi \times 4 = 4\pi$$
$$S_{圆柱全} = S_{侧} + S_{下} = 24\pi（分米^2）$$

例10　如图 6.24 所示，为一个圆柱形水池示意图，水池内壁和底面都要镶上瓷砖，水池底面直径为 6 米，池深 1.2 米，镶瓷砖的面积最多是多少平方米？

图 6.23　铁皮水桶

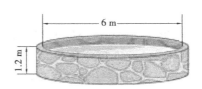

图 6.24　本镶瓷砖的面积最多是多少平方米

解　根据 $S_{圆柱全} = S_{侧} + S_{下}$

$$S_{侧} = 2\pi rh = 2\pi 3 \times 1.2 = 7.2\pi$$
$$S_{下} = \pi r^2 = \pi \times 3^2 = 9\pi$$
$$S_{圆柱全} = S_{侧} + S_{下} = 16.2\pi（米^2）$$

例 11 如图 6.25 所示,压路机前轮转动 1 周,压路的面积是多少?

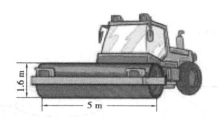

图 6.25 压路的面积是多少

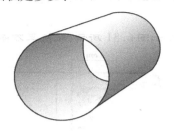

图 6.26 通风管

解 根据 $S_{圆柱侧} = 2\pi rh = 2\pi 0.8 \times 5 = 8\pi$(米^2)

例 12 如图 6.26 所示,制作一个底面直径为 20 厘米,长为 50 厘米的圆柱形通风管,至少要用多少厘米的铁皮?

解 根据 $S_{圆柱侧} = 2\pi rh = 2\pi 10 \times 50 = 1\,000\pi$(厘米^2)

例 13 如图 6.27 所示,油桶的表面要刷上油漆,每平方米需用防锈油漆 0.2 千克,漆一个油桶大约需要多少防锈油漆?

解 根据 $S_{圆柱全} = S_{侧} + S_{下}$

$S_{侧} = 2\pi rh = 2\pi 0.3 \times 1 = 0.6\pi$

$S_{下} = 2\pi r^2 = 2\pi \times 0.3^2 = 2\pi \times 0.09 = 0.18\pi$

$S_{圆柱全} = S_{侧} + S_{下} = 0.78\pi$(米^2)

故需要油漆为 $0.78\pi \times 0.2 = 0.156$ 千克

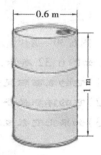

图 6.27 油桶

【自己动手 6.3】

1. 如图 6.28 所示,计算各圆柱的面积。

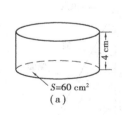

(a)

(b)

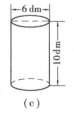

(c)

图 6.28 计算各圆柱的面积

图 6.29 杯子

2. 一个装满稻谷的圆柱形粮囤,地面面积为 2 平方米,高约 80 厘米,每立方米的稻谷约重 600 千克,这个粮囤存放的稻谷大约重多少千克?

3. 如图 6.29 所示,这个杯子能否装下 3 000 毫升的牛奶?

4. 如图 6.30 所示,为一个薯片盒示意图,每平方米的纸最多能做几个薯片盒的侧面包装纸?

5. 如图 6.31 所示,比较正方体和圆柱,哪个的体积大?

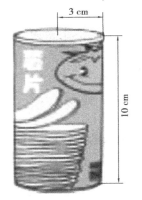

图 6.30　薯片盒示意图

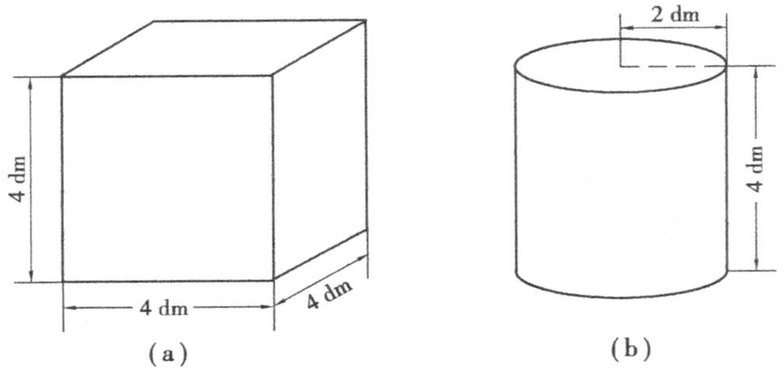

(a)

(b)

图 6.31　哪个的体积大

6. 如图 6.32 所示,为一根圆柱形木料示意图,底面周长是 12.56 分米,高是 4 米。

(1)它的表面积是多少平方米?

(2)它的体积是多少立方米?

(3)如果把它截成三段小圆柱,表面积增加多少平方分米?

图 6.32　圆柱形木料

六、圆锥

1. 圆锥知识点

(1)**圆锥**。以直角三角形的一直角边所在的直线为旋转轴,其余各边旋转而形成的曲面所围成的几何体叫圆锥。如图 6.33 所示。

(2)**圆锥的性质**。

①平行于底面的截面都是圆,截面直径与底面直径之比等于顶点到截面的距离与顶点到底面的距离之比;

②轴截面是等腰三角形;如图 6.33 所示,△SAB 为等腰三角形。

③轴截面中,旋转轴的是直角三角形的一边,如图 6.33 所示,△SAO 是直角三角形,则 $l^2 = h^2 + r^2$。

(3)**圆锥的面积、体积公式**。圆锥的面积、体积公式有:

$$S_{圆锥侧} = \pi r l$$

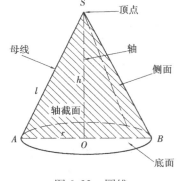

图 6.33　圆锥

116

$$S_{圆锥全} = \pi r(r+l)$$

$$V_{圆锥} = \frac{1}{3}\pi r^2 h$$

其中：$S_{圆锥侧}$——圆锥的侧面面积；$S_{圆锥全}$——圆锥的全面积；$V_{圆锥}$——圆锥的体积；r——底面半径；h——圆锥的高；l——母线长。

2. 圆锥示例

例 14　一个圆锥形零件，它的底面半径是 5 厘米，高是底面半径的 3 倍，这个零件的体积是多少立方厘米？

解　$V_{圆锥} = \frac{1}{3}\pi r^2 h = \frac{1}{3}\pi(5)^2 \times 15 = 125\pi$（厘米^3）

例 15　如图 6.34 所示，为测量中经常使用的金属铅锤示意图，这着种金属每立方厘米的质量约为 7.8 千克，这个铅锤约为多少千克？

解　$V_{圆锥} = \frac{1}{3}\pi r^2 h = \frac{1}{3}\pi\left(\frac{5}{2}\right)^2 \times 4 = \frac{100}{12}\pi$（厘米^3）

故铅锤重量为 $\frac{100}{12}\pi \times 7.8 = \frac{780}{12}\pi$（克）

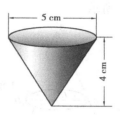

图 6.34　铅锤

例 16　如图 6.35 所示，为一座圆锥形帐篷示意图，底面直径约为 5 米，高约为 3.6 米。

(1)它的占地面积约为多少平方米？

(2)它的体积约为多少立方米？

解　(1)占地面积即 $S_{底} = \pi r^2 = \pi\left(\frac{5}{2}\right)^2 = \frac{25}{4}\pi$（米^2）

(2)体积为 $V_{圆锥} = \frac{1}{3}\pi r^2 h = \frac{1}{3}\pi\left(\frac{5}{2}\right)^2 3.6 = \frac{25}{12}3.6\pi = 7.5\pi$（米^3）

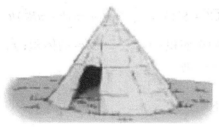

图 6.35　圆锥形帐篷

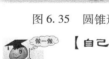【自己动手 6.4】

1. 如图 6.36 所示，计算各圆锥的体积

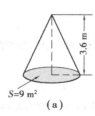
(a) $S=9$ m^2，3.6 m

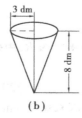
(b) 3 dm，8 dm

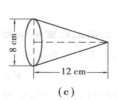
(c) 8 cm，12 cm

图 6.36　计算各圆锥的体积

2. 填空

(1)3.5 米^2 = （　　　）分米^2

(2)34 000 厘米^2 = （　　　）分米^2

（3）2 300 分米^2 = （   ）米^2 （4）6.5 升 = （   ）毫升

（5）4 000 毫升 = （   ）厘米^3 = （   ）分米^3 （6）0.083 米^3 = （   ）分米^3

3. 请动手做做，一个圆柱形橡皮泥，底面积是 12 平方厘米，高是 5 厘米。

（1）如果把它捏成同样底面大小的圆锥，这个圆锥的高是多少？

（2）如果把它捏成同样高的圆锥，这个圆锥的底面积是多少？

七、圆台

1. 圆台知识点

（1）**圆台**。用平行于圆锥底面的平面去截圆锥，底面与截面之间的部分叫做圆台。如图 6.37 所示。

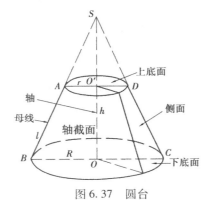

图 6.37　圆台

（2）**圆台的性质**。圆台的性质有：

①圆台的上、下底面，与底面平行的截面都是圆。

②圆台的轴截面是等腰梯形。

③圆台经常补成圆锥来研究。

（3）**圆台的表面积、体积公式**。圆台的表面积、体积公式有：

$$S_{全} = \pi r^2 + \pi R^2 + \pi (R + r)l$$

$$V_{圆台} = \frac{1}{3}(S + \sqrt{SS'} + S')h = \frac{1}{3}(\pi r^2 + \pi rR + \pi R^2)h$$

其中：$S_{全}$——圆台的全面积；$V_{圆台}$——圆台的体积；r，R——上下底面半径；h——高

2. 圆台示例

例 17　某圆台工件量得大头直径为 36 毫米，小头直径为 24 毫米，长为 180 毫米，求体积。

解　因为 $r_0 = 12$，$r_2 = 18$，$r_1 = \frac{1}{2}(12 + 18) = 15$，$h = 180$

所以 $V = \frac{180}{6}(\pi \cdot 12^2 + 4 \cdot \pi 15^2 + \pi \cdot 18^2) = 41\,040\pi = 41.04\pi$ 厘米^3

　【自己动手6.5】

1. 如果圆台的上底面半径为 5，下底面半径为 R，中截面把圆台分为上、下两个圆台，它们的侧面积的比为 $1:2$，那么 $R = $（   ）

（A）10　　　（B）15　　　（C）20　　　（D）25

2. 已知圆台形铅桶口直径为 28 cm，桶底直径 20 cm，高线长 36 cm；若做这样无盖铅桶 100 个，共需铅皮多少 m^2（接头损耗不计，x 取 3.14，$\sqrt{82} = 9.06$，结果保留两个有效数字）

八、球

1. 知识要点

（1）**球**。以半圆的直径所在直线为旋转轴,半圆旋转一周形成的旋转体叫做球体,简称球,如图 6.38 所示。

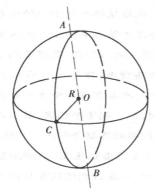

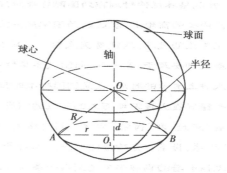

图 6.38　球

图 6.39　球面、球体的概念

（2）**球的表示**。用表示球心的字母表示球,如图 6.39 所示的球可表示为球 O。

（3）**球面、球体**。半圆以它的直径为旋转轴,旋转所成的曲面叫球面。球面所围成的几何体叫球体,简称球。如图 6.39 所示。

> ● 球面的概念也可定义为与定点的距离等于定长的所有点的集合（轨迹）。

（4）**截面圆**。如果用平面截球面,那么截得的是圆,这个面叫截面圆。把过球心的截面圆叫大圆,不过球心的截面圆叫小圆。球心与截面圆心的连线垂直于截面。如图 6.39 所示。

设球心到截面的距离为 d,截面圆的半径为 r,球的半径为 R,则:$r = \sqrt{R^2 - d^2}$

（5）**纬度、经度**。如图 6.40（a）所示,纬度——P 点的纬度,也是 $\overset{\frown}{PA}$ 或 $\angle POA$ 的度数,即:某地的纬度就是经过这点的球半径和赤道平面所成的角度。

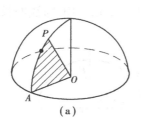

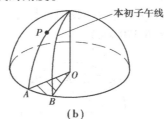

（a）

（b）

图 6.40　纬度、经度

如图 6.40（b）所示,经度——P 点的经度,也是 $\overset{\frown}{AB}$ 或 $\angle AOB$ 的度数,即:某地点的经度就是经过这点的经线和地轴确定的半平面与本初子午线与地轴确定的半平面所成二面角的平面角的度数。

提示:

● 本初子午线。

在英国伦敦东南的泰晤士河南岸,有一处游览胜地——格林尼治,如图 6.41 所示。它是地球经线为本初子午线的诞生地。英国皇家格林尼治天文台创建于 1675 年。1884 年,国际天文工作者在华盛顿的国际经度会议上作出决定,以经过格林尼治的经线为本初子午线,并以格林尼治时间作为国际标准时间。从此,格林尼治就驰名于世。天文台原址就在公园中央的高地上,现已改为国家航海博物馆的一部分。走入公园,便可看到小径左侧有一座典雅的庭院,这便是天文台。庭院的大门右边的墙壁上,镶着一口银盘似的大钟。这座大钟安装于 1851 年,周围以罗马数字表示 24 小时,左上方有一个表示秒数的小圆盘。大钟上显示的时间,就是国际标准时间(格林尼治时间)。在子午馆里,最引人注目的是一条镶嵌在大理石地面上的笔直的铜线,这就是世界闻名的本初子午线。铜线两边,分别标着"东经"和"西经"字样。到此参观的人,总喜欢跨在这条铜线上,双脚分别踏着东、西两半球,摄下一张珍贵的照片。本初子午线的一头伸到一座古老的二层楼房的墙脚边。墙上镶嵌着的铜牌中央也刻着一条线,上面写着:"世界本初子午线,北纬 51 度 28 分 38 秒 2,经度零度零分零秒。"

图 6.41 格林尼治

2. 球面、球体的举例

例 18   如图 6.42 所示。我国首都北京靠近北纬 40°,求北纬 40°纬线的长度约为多少千米?(地球半径约 6 370 km)

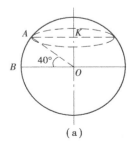

(a)

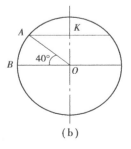

(b)

图 6.42

解 作轴截面,如图6.42(b)所示(轴截面就是经过球的直径的截面),设 A 点是北纬40°纬线上的一点,经过 A 点纬线圈的半径是 AK,连接 OK,则:

$OK \perp AK$。过 A 点纬线圈的周长是 $C = 2\pi \cdot AK$

用半径 R 和40°表示 AK 的长: $AK = R \cos 40°$

因为 $\angle KAO = \angle AOB = 40°$

所以纬线的长度 $= C = 2\pi \cdot R \cos 40° = 3.066 \times 104 \ km$

【自己动手6.6】

1. 判断正误:(对的打√,错的打×)

(1)半圆以其直径为轴旋转所成的曲面叫球。(   )

(2)到定点的距离等于定长的所有点的集合叫球。(   )

(3)球的小圆的圆心与球心的连线垂直于这个小圆所在平面。(   )

(4)经过球面上不同的两点只能作一个大圆。(   )

(5)球的半径是5,截面圆的半径为3,则球心到截面圆所在平面的距离为4。(   )

2. 填空

(1)设球的半径为 R,则过球面上任意两点的截面圆中,最大面积是_____。

(2)过球的半径的中点,作一个垂直于这条半径的截面,则这截面圆的半径是球半径的_____。

(3)在半径为 R 的球面上有 A、B 两点,半径 OA、OB 的夹角是 $n°$($n < = 180$)求 A、B 两点的球面距离_____。

3. 地球半径为 R,A、B 是北纬45°纬线圈上两点,它们的经度差是90°,求 A、B 两地的球面距离。

任务二　点、线、面之间的位置关系

一、点、线、面的表示方法

规定直线用两个大写的英文字母或一个小写的英文字母表示，点用一个大写的英文字母表示。而平面则用一个小写的希腊字母表示，如图 6.43 所示，或用平行四边形两个相对顶点的字母表示平面，如图 6.44 所示。从运动的观点看，点动成线，线动成面，从而可以把直线、平面看成是点的集合。符号"$\in$"只能用于点与直线，点与平面的关系，符号"$\subset$ 或 $\subseteq$"只能用于直线与平面的关系。

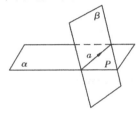

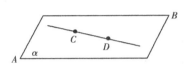

图 6.43　用小写的希腊字母表示平面　　图 6.44　用平行四边形两个相对顶点的字母表示平面

提示：

● "$\in$"针对元素与集合属于关系符号，"$\subset$ 或 $\subseteq$"针对集合与集合包含关系符号。

1. 点和直线的表示方法。

点和直线的表示方法，有以下几种：

(1)点 A 在直线 a 上，记作 $A \in a$。见表 6.1 所示。

(2)点 A 在直线 a 外，记作 $A \notin a$。见表 6.1 所示。

2. 点和平面的表示方法。

点和平面的表示方法，有以下几种：

(1)点 A 在平面 α 内，记作 $A \in \alpha$。见表 6.1 所示。

(2)点 A 在平面 α 外，记作 $A \notin \alpha$。见表 6.1 所示。

表 6.1　点和直线、点和平面的表示方法

点 A 在直线 a 上（或直线 a 经过点 A）	$\bullet A$ a	$A \in a$	
点 A 在直线 a 外（或直线 a 不经过点 A）	$\bullet A$ a	$A \notin a$	元素与集合间的关系
点 A 在平面 α 内（或平面 α 经过点 A）	$\bullet A$ α	$A \in \alpha$	
点 A 在平面 α 外（或平面 α 经过直线 a）	$\bullet A$ α	$A \notin \alpha$	

3. 直线和面的表示方法。

直线和面的表示方法,有以下几种:

①直线 a 在平面 α 内,记作 $a \subset \alpha$。见表 6.2 所示。

②直线 a 在平面 α 外,记作 $a \not\subset \alpha$。见表 6.2 所示。

表 6.2　直线和面的表示方法

直线 a 在平面 α 内(或平面 α 经过直线 a)		$a \subset \alpha$	
直线 a 在平面 α 外(或直线 a 与平面 α 不相交)		$a \not\subset \alpha$	两个集合间的关系
直线 a 与平面 α 相交于点 A		$a \cap \alpha = A$	
直线 a 与直线 b 相交于点 A		$a \cap b = A$	
直线 α 与平面 β 相交于直线 a		$\alpha \cap \beta = a$	

4. 举例

例 19　判断下例说法的正误

(1)两条异面直线在同一平面内的射影,一定是相交的两条直线。

(2)在平面内的射影是直线的图形一定是直线。

(3)在同一平面内的射影长相等,则斜线长相等。

解

(1)×。可能是两条直线平行。

(2)×。射影不一定只有直线,也可以是其他图形。

(3)×。并非是从平面这个外一点向平面所引的垂线段和斜线段。斜线长是不同的。

例 20　判断下例说法的正误

(1)直线 a 与平面 α 内一条直线平行,则 $a /\!/ \alpha$。

(2)直线 a 与平面 α 内一条直线相交,则 a 与平面 α 相交。

(3)若直线 a 与平面 α 平行,则 α 内必存在无数条直线与 a 平行。

(4)两条平行线中一条平行于一个平面,那么另一条也平行于这个平面。

(5)平行于同一直线的两个平面平行。

(6)平行于同一个平面的两直线平行。

(7)直线 l 与平面 α、β 所成角相等,则 $\alpha /\!/ \beta$。

解

(1)×。必须强调是平面外一条直线,否则直线重合于平面。

(2)×。同样要强调平面外一条直线,否则直线重合于平面。

(3)√。不是任意一条直线,改命题强调了存在性,可利用平行的传递性证之。

(4)×。可能在此平面内。

(5)×。两个平面可能相交。

（6）×。两直线可能相交或者异面。

（7）×。α、β 可能相交。

【自己动手 6.7】

1. 正方体的各顶点，如图 6.45 所示，正方体的三个面所在平面 A_1C_1、A_1B、BC_1 分别记作 α、β、γ。

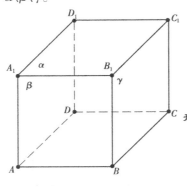

图 6.45　正方体

（1）$A_1 \in \alpha$，$B_1 \underline{\quad} \alpha$，$C_1 \underline{\quad} \alpha$，$D_1 \underline{\quad} \alpha$；

（2）$A \in \beta$，$B \underline{\quad} \beta$，$A_1 \underline{\quad} \beta$，$B_1 \underline{\quad} \beta$；

（3）$A \notin \alpha$，$B \underline{\quad} \alpha$，$A \underline{\quad} \gamma$，$B \underline{\quad} \gamma$；

（4）$\alpha \cap \beta = A_1B_1$，$\beta \cap \gamma = \underline{\qquad}$；$\alpha \cap \gamma = \underline{\qquad}$。

2. 能不能说一个平面长 4 米，宽 5 米？为什么？能不能说矩形长 3 米，宽 2 米？"这个矩形是平面的一部分"的说法是否正确？

3. 用符号表示下列语句，并画出图形：

（1）点 P 在平面 α 内，但在平面 β 外；

（2）直线在 l 平面 α 内，但不在平面 β 内；

（3）直线 l 和 m 相交于点 P；

（4）l 是平面 α 和 β 的交线，点 P 在 l 上；

（5）直线 l 经过平面 α 内一点 P，但 l 在 α 上。

二、空间直线的位置关系

1. 空间直线位置关系

空间直线的位置关系有：**共面直线**、**异面直线**。

2. 共面直线的位置关系

共面直线的位置关系，分为平行、相交两种情况。

（1）**相交**。有且只有一个公共点的两条直线是相交关系，如图 6.46 所示，直线 CD' 与直线 $C'D'$ 就是相交关系。

（2）**平行**。在同一平面内，没有公共点的两条直线是平行关系。如图 6.46 所示，直线 AB 与直线 $C'D'$ 就是平行关系。

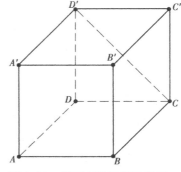

图 6.46　共面直线的位置关系

3. 共面直线的公理

（1）**平行公理**。平行公理也叫平行线的传递公理：平行于同一条直线的两条直线互相平行。符号表述：$a//b,b//c \Rightarrow a//c$。

（2）**等角定理**。如果一个角的两边与另一个角的两边分别平行，那么这两个角相等或互补。

4. 异面直线

（1）**异面直线定义**。不同在任何一个平面内的两条直线，叫异面直线；不在同一平面内，没有公共点的两条直线是异面关系（也叫异面直线）。如图 6.47 所示，直线 BB' 与直线 $C'D'$ 就是异面直线。

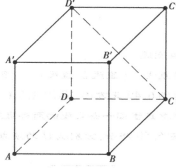

图 6.47　异面直线

（2）**异面直线的判定定理**。连平面内的一点与平面外一点的直线与这个平面内不过此点的直线是异面直线。

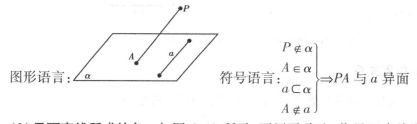

图形语言：　　　　　　　符号语言：$\left.\begin{array}{l} P \notin \alpha \\ A \in \alpha \\ a \subset \alpha \\ A \notin a \end{array}\right\} \Rightarrow PA$ 与 a 异面

（3）**异面直线所成的角**。如图 6.48 所示，可用平移法，作异面直线所成的角。在 a 这一条直线上找一点 O，过该点做另一直线 b 的平行线 b'，那么这两条相交直线的所夹的不大于 $90°$ 的角即为异面直线 a 与 b 所成的角，$\theta \in (0°,90°]$。

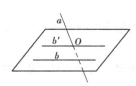

图 6.48　异面直线所成的角

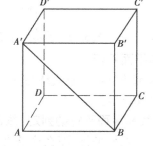

图 6.49

例 21　如图 6.49 所示，正方体 $ABCD\text{-}A'B'C'D'$ 中：

（1）哪些棱所在的直线与直线 BA' 是异面直线？

（2）求 BA' 与 CC' 夹角的度数。

（3）哪些棱所在的直线与直线 AA' 垂直？

解 （1）由异面直线的判定方法可知：

与直线 BA' 成异面直线的有直线 $B'C'$，AD，CC'，DD'，DC，$D'C'$。

（2）由 $BB'//CC'$，可知 $\angle B'BA'$ 等于异面直线 BA' 与 CC' 的夹角，所以异面直线 BA' 与 CC' 的夹角为 $45°$。

（3）直线 AB，BC，CD，DA，$A'B'$，$B'C'$，$C'D'$，$D'A'$ 与直线 AA' 都垂直。

 【自己动手6.8】

1. 填空题：

（1）直线 $a \perp$ 直线 b，直线 $c // a$，则 b、c 的位置关系是_____。

（2）图 6.49 正方体 $ABCD$-$A_1B_1C_1D_1$ 中，A_1C_1 和 A_1D 所成的角等于_____度。

（3）垂直于同一条直线的两条直线的位置关系是_____。

2. 图 6.50 所示，分别以 O 为顶点，画出异面直线 a、b 所成的角。

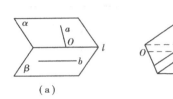
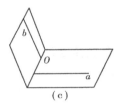

（a） （b） （c）

图 6.50　画出异面直线 a、b 所成的角

三、直线与平面的位置关系

如图 6.51 所示，直线与平面的位置关系有三种情况：重合、相交、平行。

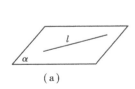
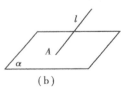
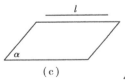
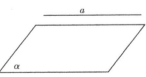

（a） （b） （c）

图 6.51　直线与平面的位置关系　　　　6.52　直线和平面平行

1. 线和平面平行

如图 6.52 所示，一条直线与一个平面没有公共点，叫做直线与平面平行。直线 a 平行于平面 α，记作 $a // \alpha$。

（1）**直线和平面平行的判定（线面平行的判定定理）**。如果不在一个平面内的一条直线和平面内的一条直线平行，那么这条直线和这个平面平行。

（2）**直线和平面平行的性质（线面平行的性质定理）**。如图 6.53 所示，如果一条直线和一个平面平行，经过这条直线的平面和这个平面相交，那么这条直线和交线平行。

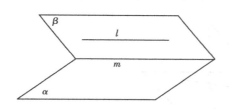

图 6.53 线面平行的性质定理

图 6.54 日晷

2. 线和平面相交

（1）**直线和平面垂直的判定（线面垂直的判定定理）**。如果一条直线和一个平面内的两条相交直线都垂直，那么这条直线垂直于这个平面。

如图 6.54 所示，为线面垂直在我国古代的重要应用——"日晷"。

（2）**直线和平面垂直的性质（线面垂直的性质定理）**。如果两条直线同垂直于一个平面，那么这两条直线平行。

（3）**直线和平面所成角定义**。平面的一条斜线和它在平面上的射影所成的锐角叫做这条斜线和这个平面所成的角。直线垂直于平面，所成的角是直角。直线平行于平面或在平面内，所成角为 0°角。直线和平面所成角范围：$\left[0, \dfrac{\pi}{2}\right]$。

3. 线和平举面例

例 22 如图 6.55 所示，已知：空间四边形 $ABCD$ 中，E、F 分别是 AB、AD 的中点. 求证：$EF/\!/$ 平面 BCD。

证明：连结 BD，在 $\triangle ABD$ 中，

因为 E、F 分别是 AB、AD 的中点

所以 $EF/\!/BD$

又 $EF \not\subset$ 平面 BCD，$BD \subset$ 平面 BCD，

所以 $EF/\!/$ 平面 BCD（直线和平面平行判定定理）

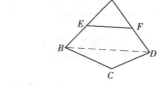

图 6.55 求证：$EF/\!/$ 平面 BCD

例 23 如图 6.56 所示，判断下列命题是否正确，并说明理由。

（1）正方体 $ABCD\text{-}A'B'C'D'$ 中，棱 BB' 和底面 $ABCD$ 垂直。

（2）正三棱锥 $P\text{-}ABC$ 中，M 为棱 BC 的中点，则棱 BC 和平面 PAM 垂直。

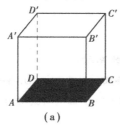

（a）

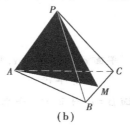

（b）

图 6.56

解 此题两问都是对判定定理的直接应用，第一问定理条件通过观察即可得到；第二问定理条件：$BC \perp AM$，$BC \perp AM$ 垂直于面即得。

例 24 如图 6.57 所示,已知 AB 是平面 α 的一条斜线,B 为斜足,$AO \perp \alpha$,O 为垂足,BC 为 α 内的一条直线,$\angle ABC = 60°$,$\angle OBC = 45°$,求斜线 AB 和平面 α 所成角。

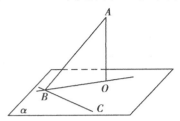

图 6.57 求斜线 AB 和平面 α 所成角

解 因为 $AO \perp \alpha$,由斜线和平面所成角的定义可知,$\angle ABO$ 为 AB 和 α 所成角,

又因为 $\cos \theta = \cos \theta_1 \cdot \cos \theta_2$,

所以 $\cos \angle ABO = \dfrac{\cos \angle ABC}{\cos \angle CBO} = \dfrac{\cos 60°}{\cos 45°} = \dfrac{1}{2} \div \dfrac{\sqrt{2}}{2} = \dfrac{\sqrt{2}}{2}$,

所以 $\angle BAO = 45°$,即斜线 AB 和平面 α 所成角为 $45°$。

例 25 如图 6.58 所示,在正方体 AC_1 中,求面对角线 A_1B 与对角面 BB_1D_1D 所成的角。

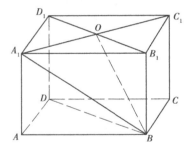

图 6.58 面对角线 A_1B 与对角面 BB_1D_1D 所成的角

解法一 连结 A_1C_1 与 B_1D_1 交于 O,连结 OB,

因为 $DD_1 \perp A_1C_1$,$B_1D_1 \perp A_1C_1$,所以 $A_1O \perp$ 平面 BB_1D_1D,

所以 $\angle A_1BO$ 是 A_1B 与对角面 BB_1D_1D 所成的角,

在 $Rt \triangle A_1BO$ 中,$A_1O = \dfrac{1}{2}A_1B$,所以 $\angle A_1BO = 30°$。

解法二 由法一得 $\angle A_1BO$ 是 A_1B 与对角面 BB_1D_1D 所成的角,

又因为 $\cos \angle A_1BB_1 = \cos 45° = \dfrac{\sqrt{2}}{2}$,$\cos \angle B_1BO = \dfrac{B_1B}{BO} = \dfrac{\sqrt{6}}{3}$,

所以 $\cos \angle A_1BO = \dfrac{\cos \angle A_1BB_1}{\cos \angle B_1BO} = \dfrac{\dfrac{\sqrt{2}}{2}}{\dfrac{\sqrt{6}}{3}} = \dfrac{\sqrt{3}}{2}$,所以 $\angle A_1BO = 30°$。

【自己动手 6.9】

1. 选择题:

(1)已知直线 $a \parallel$ 平面 α,直线 $b \subset \alpha$,则 a 与 b 的关系为( )

A. 相交　　　　　B. 平行　　　　　C. 异面　　　　　D. 平行或异面

(2)平面 $\alpha \cap$ 平面 $\beta = a$,平面 $\beta \cap$ 平面 $\gamma = b$,平面 $\gamma \cap$ 平面 $\alpha = c$,若 $a \parallel b$,则 c 与 a,b 的位置关系是( )

A. c 与 a,b 都异面　　　　　　　　B. c 与 a,b 都相交

C. c 至少与 a,b 中的一条相交　　　D. c 与 a,b 都平行

(3)给出下列四个命题:

①如果 a,b 是两条直线,且 $a//b$,那么 a 平行于经过 b 的任何平面

②如果直线 a 和平面 α 满足 $a//\alpha$,那么 a 与平面 α 内的直线不是平行就是异面

③如果直线 $a//\alpha,b//\alpha$,则 $a//b$

④如果平面 $\alpha \cap$ 平面 $\beta = a$,若 $b//\alpha,b//\beta$,则 $a//b$

其中为真命题有(　　　)

    A.1 个　　　　　　B.2 个　　　　　　C.3 个　　　　　　D.4 个

(4)A、B 是不在直线 l 上的两点,则过点 A、B 且与直线 l 平行的平面的个数是(　　　)

    A.0 个　　　　　　　　　　　　　　B.1 个

    C. 无数个　　　　　　　　　　　　D. 以上三种情况均有可能

(5)一条直线和平面所成角为 θ,那么 θ 的取值范围是(　　　)

    A.$(0°,90°)$　　　　B.$[0°,90°]$　　　　C.$[0°,180°]$　　　　D.$[0°,180°)$

(6)两条平行直线在平面内的射影可能是①两条平行线;②两条相交直线;③一条直线;④两个点。上述四个结论中,可能成立的个数是(　　　)

    A.1 个　　　　　　B.2 个　　　　　　C.3 个　　　　　　D.4 个

(7)从平面外一点 P 引与平面相交的直线,使 P 点与交点的距离等于 1,则满足条件的直线条数不可能是(　　　)

    A.0 条或 1 条　　　　　　　　　　B.0 条或无数条

    C.1 条或 2 条　　　　　　　　　　D.0 条或 1 条或无数条

2. 填空题:

(1)设斜线与平面 α 所成角为 θ,斜线长为 l,则它在平面内的射影长是＿＿＿＿＿＿。

(2)一条与平面相交的线段,其长度为 $10\ \mathrm{cm}$,两端点到平面的距离分别是 $2\ \mathrm{cm},3\ \mathrm{cm}$,这条线段与平面 α 所成的角是＿＿＿＿＿＿。

3. 如图 6.59 所示,AC 是 $\triangle ABC$ 的斜边,过 A 点作 $\triangle ABC$ 所在平面的垂线 PA,连 PB、PC。问:图中有多少个直角三角形?

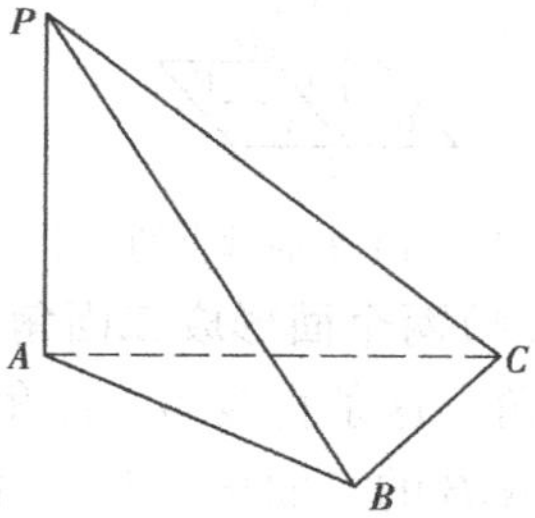

图 6.59　图中有多少个直角三角形

四、平面与平面的位置关系

平面与平面的位置关系有:平行,重合和相交三种类型。

1. 平行关系

其判定定理和性质定理如下:

(1)**平面平行的判定定理**。如果一个平面内有两条相交直线都平行于另一个平面,哪么这两个平面平行。即:"线面平行,面面平行"。如图 6.60 所示,平面 α 内两条直线 m、n,都平行平面 β,则平面 α 平行平面 β。

（2）**两个平面平行的性质定理**。如果两个平行平面同时和第三个平面相交,那么它们交线平行。即:

"面面平行,线线平行"。如图 6.61 所示。

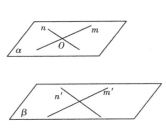

图 6.60　平面平行的判定

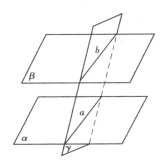

图 6.61　两个平面平行的性质

2. 相交关系

相交关系主要介绍垂直相交的情况和二面角。

（1）**两个平面垂直的判定定理**。如果一个平面与一条直线垂直,那么经过这条直线的平面垂直于这个平面。即:"线面垂直,面面垂直"。如图 6.62 所示,平面 α 内的直线 AB 垂直平面 β,则平面 α 垂直平面 β。

（2）**两个平面垂直性质定理**。如果两个平面垂直,那么在一个平面内垂直于它们交线的直线也垂直于另一个平面。如图 6.63 所示。

（3）**两个平面垂直性质定理的推论**。如果两个相交平面都垂直于第三平面,则它们交线垂直于第三平面。如图 6.64 所示,两相交平面 α 和 β,都垂直平面 θ,则面 α 和 β 的交线 PM 垂直平面 θ。

图 6.62　两个平面垂直的判定　　图 6.63　两个平面垂直的性质　　图 6.64　两个平面垂直性质定理的推论

（4）**两个面形成二面角的定义和表示**。从一条直线出发的两个半平面所组成的图形叫做二面角。这条直线叫二面角的棱,这两个半平面叫二面角的面。如图 6.65(a)所示,棱为 AB,面为 α、β 的二面角,记作二面角 α-AB-β,有时为了方便也可在 α、β 内(棱以外的半平面部分),分别取点 P、Q,将这个二面角记作二面角 P-AB-Q。如果棱为 l,则这个二面角记作 α-l-β 或 P-l-Q,如图 6.65(b)所示。

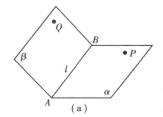 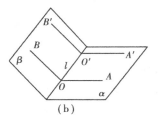

图 6.65　二面角的表示

（5）**二面角的画法**，两个面形成二面角有两种画法，即：

直立式，如图6.66（a）所示；

平卧式，如图6.66（b）所示。

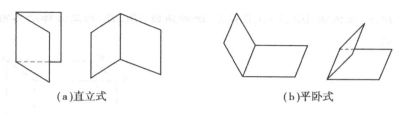

（a）直立式　　　　　　（b）平卧式

图6.66　二面角的画法

（6）**平面之间夹角的定义**。两相交平面的夹角指两个平面交成的二面角中的锐角或直角。

3. 示例

例26　判断下列说法是否正确，为什么？

（1）平面 α 比平面 β 大。

（2）平面 α 与平面 β 仅有一个公共点。

（3）10个平面重合在一起比1个平面厚。

图6.67　平面 α 比平面 β
大是错的命题

解　（1）错。如图6.67所示。

（2）错。平面 α 与平面 β 有无数多个公共点。

（3）错。平面没有厚度。

例27　图6.68所示。α、β、γ 为平面，$\alpha \cap \beta = l$，$\alpha \cap \gamma = a$，$\beta \cap \gamma = b$，$l \perp \gamma$。指出图中哪个角是二面角 $\alpha\text{-}l\text{-}\beta$ 的平面角，并说明理由。

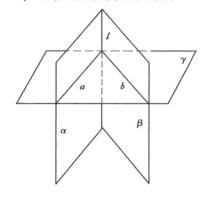

图6.68　哪个角是二面角 $\alpha\text{-}l\text{-}\beta$ 的平面角

解　依题 $l \perp \gamma$。

因为　$a \cap \gamma = a$，$\beta \cap \gamma = b$。

所以　$l \perp a$，$l \perp b$。

又 a、b 相交于 l 上一点，

故 a、b 所成角就是二面角 $\alpha\text{-}l\text{-}\beta$ 的平面角。

【自己动手6.10】

如图6.68所示,正方体 $ABCD—A_1B_1C_1D_1$ 的对角面 ABC_1D_1 与正方体的各面所成的二面角分别是多少度?

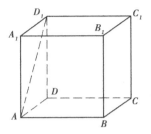

图 6.69 求二面角

任务三 三视图初步

一、认识正投影

1. 投影的概念

物体在灯光或阳光的照射下,在墙壁或地面上,就会出现影子。这就是投影现象。如图6.70 所示。

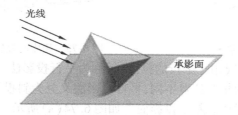

图 6.70 投影现象

根据这种现象,以投射线代替光线,通过物体射向平面,在平面上就得到物体的影子。这种方法叫**投影法**。称此平面叫投影面,平面上物体的影子叫**投影**,这就是工程上应用的投影法。

工程上应用的投影法虽然来源于生活,但经过科学的总结和抽象后,与生活中的现象有着本质的区别,如图6.71 所示。

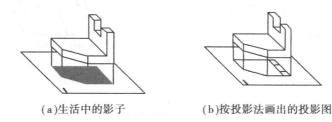

(a)生活中的影子   (b)按投影法画出的投影图

图 6.71 投影法与生活中的影子的区别

从图中可以看出:

物体的投影图实质上就是按照投影的方法画出物体上所有的轮廓线,可见的轮廓线,画成粗实线,不可见的轮廓线,用虚线绘制。

2. 投影的分类

投影分为中心投影和平行投影两类。

(1)**中心投影法**。投射线均从一点发出的投影法,称为中心投影法。如图6.72 所示,就是一个中心投影。显然,这种方法的投影,不能反映物体的真实形状,在图6.72 中,投影比物体大。

中心投影法,在建筑设计领域通常采用,以绘制建筑物的透视图。如图6.73 所示。

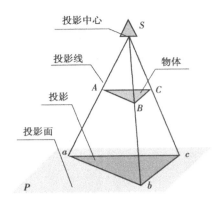

图 6.72　中心投影法

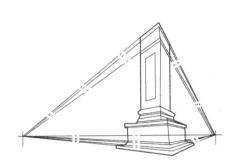

图 6.73　用中心投影法绘制的建筑物透视图

（2）**平行投影法**。投射线相互平行的投影法，称为平行投影法。如图 6.74 所示。

根据投射线与投影面的相对位置不同，平行投影法又分为斜投影法和正投影法。

①**斜投影**。平行的投射线倾斜于投影面。如图 6.74（a）所示。

②**正投影**。投射线垂直于投影面的平行投影法。如图 6.74（b）所示。显然，正投影能真实地反映物体的形状和大小，并且，作图方便、准确，因此，在工程上得到广泛应用，绘制机械图样的基本方法，就是正投影法。在机械制图上，把投影叫视图。

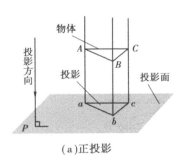

（a）正投影

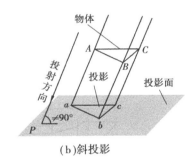

（b）斜投影

图 6.74　平行投影法

二、正投影的基本特性

正投影有三个基本特性，如图 6.75 所示。

1. **真实性**

物体上的平面（或直线）与投影面平行时，其投影反映实形（或实长）。如图 6.75（a）所示。

2. **积聚性**

物体上的平面（或直线）与投影面垂直时，其投影积聚为一直线（或一点）。如图 6.75（b）所示。

3. 收缩性

物体上的平面(或直线)与投影面倾斜时,其投影缩小(或变短),并产生变形。如图 6.75 (c)所示。

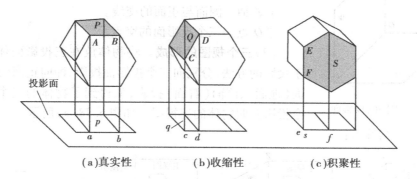

(a)真实性　　　　(b)收缩性　　　　(c)积聚性

图 6.75 正投影的基本特性

因此,物体在采用正投影法时,应尽可能使物体的平面(或直线)与投影面平行或垂直,使投影尽可能反映实形(或实长);或使投影尽可能地积聚为一直线(或一点)。

三、三视图的定义

物体具有长、宽、高三个方向上的尺寸,物体向一个方向的正投影,往往不能表达物体的形状和大小,即一个视图个不能地表达物体的真实形状。如图 6.76 所示。四个不同的物体,在同一个方向上的视图是相同的。

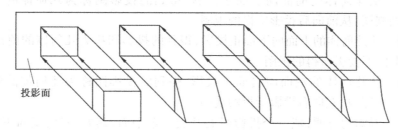

图 6.76 不同的物体在同一个方向上的视图是相同的

为了完整、确切地表达达物体的形状和大小,机械制图中,常采用三视图(三个视图),并结合其他的表达形式,来表达物体的形状。

三视图的正视图、左视图、俯视图分别是从物体的正前方、正左方、正上方看到的物体轮廓线即正投影(被遮挡的轮廓线要画虚线)。

三视图

(1)**三视图的投影面**。既然是三个视图,其投影面也就是三个,并且三个投影面互相垂直。如图 6.77 所示。即人站在一个长方体的房间里,取人的前面、地面、右面为三视图的投影面。如此,就形成了三投影面体系。

①正投影面。简称正面,又叫前面,用 V 表示。

②水平投影面。简称水平面,又叫地面,用 H 表示。

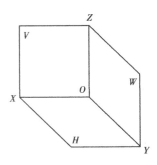

图 6.77　三视图的投影面

③侧平投影面。简称侧面,又叫右面,用 W 表示。

④X 轴。正面与水平面的交线。

⑤Y 轴。侧面与水平面的交线。

⑥Z 轴。侧面与正面的交线。

⑦O 点。三个投影面的交点。

(2)**三个视图的形成**。将物体放在三投影面体系中,采用正投影的方法,分别向三个投影面投影,即向正面(前面)、水平面(地面)、侧面(右面)投影,就得到了物体的三个投影,这三个投影就叫物体的三视图。如图 6.78(a)所示。

三个视图的名称为:

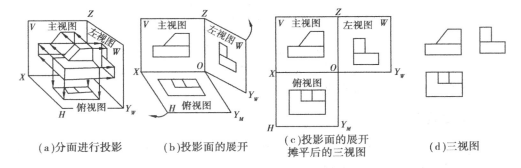

(a)分面进行投影　　(b)投影面的展开　　(c)投影面的展开摊平后的三视图　　(d)三视图

图 6.78　三个视图的形成

①**主视图**。从几何体的前面向后面正投影,得到的投影图称为几何体的正视图(主视图)。正面上的视图,从前向后投影所得的视图。

②**俯视图**。从几何体的上面向下面正投影,得到的投影图称为几何体的俯视图。水平面上的视图,从上向下投影所得的视图。

③**左视图**。从几何体的左面向右面正投影,得到的投影图称为几何体的侧视图(左视图)。侧面上的视图,从左向右投影所得的视图。

为了画图和看图的方便,把三个投影面展开成一个平面,其方法是:正面不动,水平面绕 OX 轴向下(后)旋转 90 度;侧面绕 OZ 轴向右(后)旋转 90 度。如此,其三个视图就在一个平面上,并且,俯视图在主视图的下方,左视图在主视图的右方,这叫标准位置摆放三个视图。如图 6.78(b)、(c)所示。

实际画图时,不必画出投影轴和投影面,只画视图。并且,如按标准位置摆放三个视图时,一律不标视图的名称。如图 6.78(d)所示。

从图 6.78 中,可看出,所谓的三视图,实际上就是物体,在相应投影方向上的轮廓线,并且,物体在相应投影方向上的轮廓线,要不多不少地画完,投影方向上看不见的轮廓线,用虚线表示。

(3)三视图间的关系。三视图间的关系有:方位关系、位置关系、尺寸关系。

①**方位关系**。主视图反映了物体上、下、左、右四个方位的关系;俯视图反映了物体前、后、左、右四个方位的关系;左视图反映了物体上、下、前、后四个方位的关系。因此,将两个视图联系起来,才能表明物体六个方位的位置关系。如图 6.79 所示。

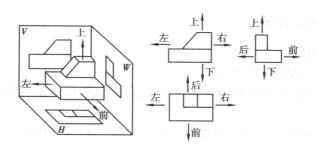

图6.79 三视图的方位关系

注意:看图时,左视图和俯视图的前、后位置不要搞错,靠近主视图的,为左视图和俯视图的后面;远离主视图的,为左视图和俯视图的前面。

②**位置关系**。以主视图为主,俯视图在主视图的正下方,左视图在主视图的正右方,并且视图要互相对齐、对正,不能错开,更不能倒置。如图6.78(d)所示。

③**尺寸关系**。每个相邻视图同一方向的尺寸应相等,即:

长对正。主视图与俯视图之间相应投影的长度要相等,并且要对正,这叫长对正。

高平齐。主视图与左视图之间相应投影的高度要相等,并且要平齐,这叫高平齐。

宽相等。左视图与俯视图之间相应投影的宽度要相等,这叫宽相等。如图6.80所示。

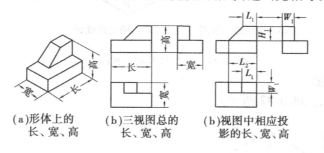

(a)形体上的　(b)三视图总的　(b)视图中相应投
　长、宽、高　　长、宽、高　　影的长、宽、高

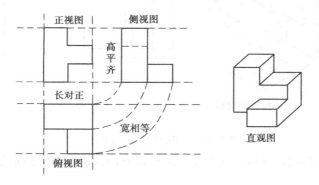

图6.80 三视图的尺寸关系

上述是物体的长、宽、高尺寸在三视图间的对应关系,对于三视图的总体或局部都是如此,在读图、度量,甚至画图、标尺寸时,都要遵循和应用这些关系。

四、基本几何体的三视图

1. 六棱柱的三视图

六棱柱的三视图,如图 6.81 所示。

(1)**左视图**。从左向右正投影,其视图外形是长方形,按照立体图的尺寸,把轮廓线画完,就得其左视图。

(2)**主视图**。从前向后正投影,其视图外形是长方形,按照立体图的尺寸,把轮廓线画完,就得其主视图。

(3)**俯视图**。从上向下正投影,其视图外形是正六边形,按照立体图的尺寸,把轮廓线画完,就得其主视图。

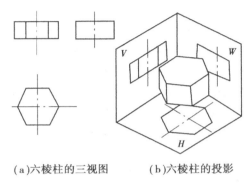

(a)六棱柱的三视图　　　　(b)六棱柱的投影

图 6.81　六棱柱及其三视图

2. 四棱柱的三视图

四棱柱的三视图,如图 6.82 所示。

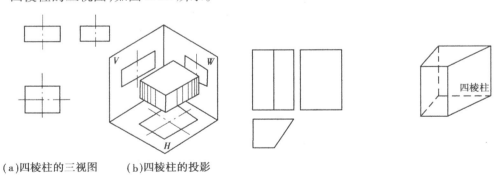

(a)四棱柱的三视图　　(b)四棱柱的投影

图 6.82　四棱柱及其三视图

(1)**左视图**。从左向右正投影,其视图外形是长方形,按照立体图的尺寸,画完轮廓线,就得其左视图。

(2)**主视图**。从前向后正投影,其视图外形是长方形,按照立体图的尺寸,画完轮廓线,就得其主视图。

(3)**俯视图**。从上向下正投影,其视图外形是长方形,按照立体图的尺寸,画完轮廓线,就得其主视图。

3. 四棱锥的三视图

四棱锥的三视图,如图 6.83 所示。

（1）**左视图**。从左向右正投影,其视图外形是等腰三角形,按照立体图的尺寸,画完轮廓线,就得其左视图。

（2）**主视图**。从前向后正投影,其视图外形是等腰三角形,按照立体图的尺寸,画完轮廓线,就得其主视图。

（3）**俯视图**。从上向下正投影,其视图外形是长方形,按照立体图的尺寸,画完轮廓线,就得其主视图。

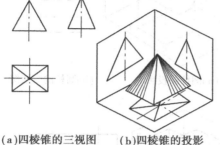

(a)四棱锥的三视图　　　(b)四棱锥的投影

图 6.83　四棱锥及其三视图

4. 正四棱台和正三棱台和圆台的三视图

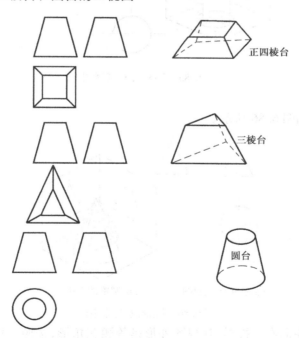

图 6.84

5. 圆柱的三视图

圆柱的三视图,如图 6.85 所示。

（1）**左视图**。从左向右正投影,其视图外形是圆,按照立体图的尺寸,画完轮廓线,就得其左视图。

（2）**主视图**。从前向后正投影,其视图外形是长方形,按照立体图的尺寸,画完轮廓线,就得其主视图。

（3）**俯视图**。从上向下正投影,其视图外形是长方形,按照立体图的尺寸,画完轮廓线,就得其主视图。

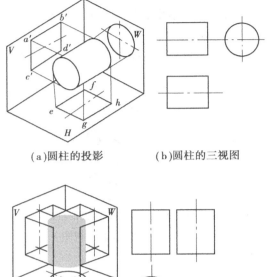

（a）圆柱的投影　　　　（b）圆柱的三视图

图 6.85　圆柱及其三视图

6. 圆锥的三视图

圆锥的三视图,如图 6.86 所示。

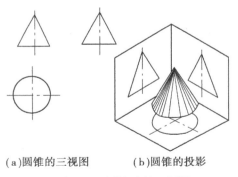

（a）圆锥的三视图　　　　（b）圆锥的投影

图 6.86　圆锥及其三视图

（1）**左视图**。从左向右正投影,其视图外形是等腰三角形,按照立体图的尺寸,画完轮廓线,就得其左视图。

（2）**主视图**。从前向后正投影,其视图外形是等腰三角形,按照立体图的尺寸,画完轮廓线,就得其主视图。

（3）**俯视图**。从上向下正投影,其视图外形是圆,按照立体图的尺寸,画完轮廓线,就得其主视图。

7. 球的三视图

球的三视图,如图6.87所示。

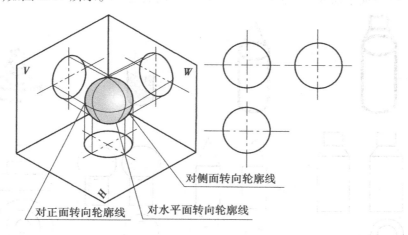

图 6.87　球的三视图

(1)**左视图**。从左向右正投影,其视图外形是圆,按照立体图的尺寸,画完轮廓线,就得其左视图。

(2)**主视图**。从前向后正投影,其视图外形是圆,按照立体图的尺寸,画完轮廓线,就得其主视图。

(3)**俯视图**。从上向下正投影,其视图外形是圆,按照立体图的尺寸,画完轮廓线,就得其主视图。

8. 圆环的三视图

圆环的三视图,如图6.88所示。

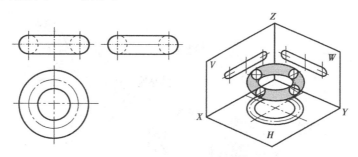

图 6.88　圆环的三视图

(1)**左视图**。从左向右正投影,其视图外形是两个凸弧与两条平行线相切的一个形状,按照立体图的尺寸,画完轮廓线,就得其左视图。

(2)**主视图**。从前向后正投影,其视图外形是两个凸弧与两条平行线相切的一个形状,按照立体图的尺寸,画完轮廓线,就得其主视图。

(3)**俯视图**。从上向下正投影,其视图外形是两个同心圆,按照立体图的尺寸,画完轮廓线,就得其主视图。

9. 三视图与几何体之间的相互转化

图 6.89 桌面上摆放几个简单组合体,画出它们的三视图。

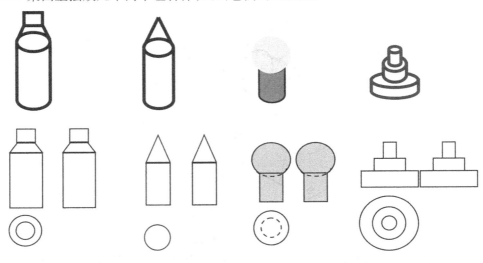

图 6.89

五、组合体及其三视图

1. 组合体的含义

由若干基本体组合成的立体称为组合体,相对于基本几何体而言,组合体就是复杂形体。

任何复杂的形体都可以看成是由一些简单形体按照一定的组合方式构成的。如图 6.90 所示,轴承座是由凸台、圆筒、支承板、肋板和底板五个部分所组成。

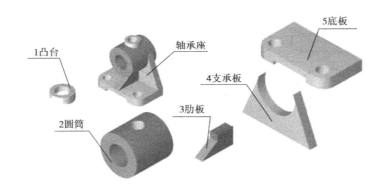

图 6.90　轴承座由一些基本体组合而成

2. 组合体的组合方式

组合体的组合方式分为叠加和切割两种类型,常见的组合体则是这两种类型的综合。

（1）**叠加型**。由各种基本形体按不同形式叠加而形成,如同积木块似的堆积起来。按照形体表面接触方式的不同,又可分为相接、相切、相贯三种。

①**相接**。两形体以平面的方式相互接触称为相接,如图 6.91 所示。

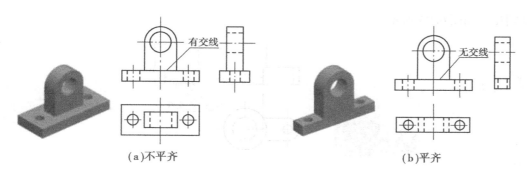

图 6.91　相接的叠加型组合体示例

提示:

● 相接的叠加型组合体要注意两形体的结合平面是否平齐,有无交线的情况。

1.如图 6.91(a)所示的组合体,它是由一块长方形的"底板"和一个一端呈半圆形的"座体"所组成,前后结合平面不平齐,其分界处应有线隔开。

2.如图 6.91(b)所示的组合体,两形体的前后结合平面是平齐的,形成一个表面,分界线就不存在了。

②**相切**。如图 6.92 所示,该组合体可看成是由左面"支耳"和右面"圆筒"两部分相切而成。由于两形体相切,在相切处是光滑过渡的,二者之间没有分界线,所以相切处没有切线。

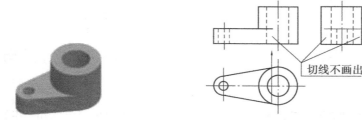

图 6.92　相切的叠加型组合体示例

提示:

● 相切叠加型组合体要注意:切线处无交线。如图 6.93 所示。

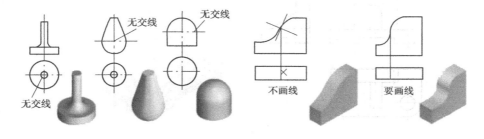

图 6.93　切线处无交线

③**相交**。如图 6.94 所示。

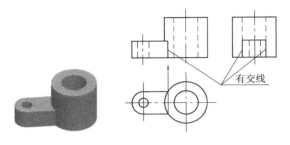

图 6.94　相交的叠加型组合体示例

（2）**挖切类组合体**。挖切类组合体可以看成是在一个平面立体或一个曲面立体,被平面切割(如钻孔、挖槽等)后,形成的切口几何体的形式。如图 6.95 所示。

（3）**综合类组合体**。常见的组合体都是综合式组合体,既有叠加又有切割。如图 6.96 所示。

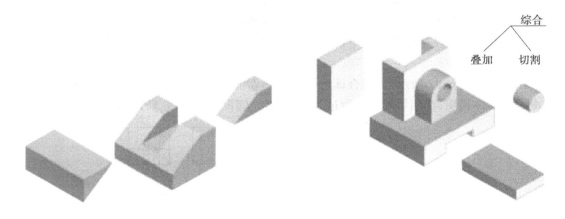

图 6.95　挖切类组合体示例　　　　图 6.96　综合类组合体示例

3. 组合体三视图示例

例 28　如图 6.97 所示。试想出其立体形状。

解　其立体形状,如图 6.98 所示。

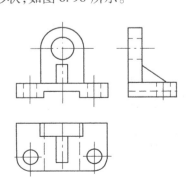

图 6.97　想出其立体形状　　　　图 6.98　立体形状

例 29　如图 6.99 所示,试想出其立体形状。

解　其立体形状,如图 6.100 所示。

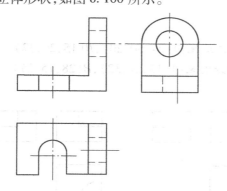

图 6.99　想出其立体形状

图 6.100　立体形状

例 30　如图 6.101 所示,试想出其立体形状。

解　图 6.101(a)的立体形状,如图 6.102(a)所示;图 6.101(b)的立体形状,如图 6.102(b)所示。

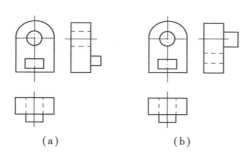

　　　(a)　　　　　　　　　　(b)

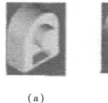

　　(a)　　　　(b)

图 6.101　试想象出其立体形状

图 6.102　立体形状

例 31　如图 6.103 所示,试想出其立体形状。

解　其立体形状,如图 6.104 所示。

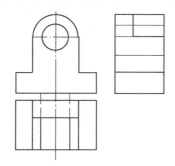

图 6.103　试想出其立体形状

图 6.104　立体形状

145

【自己动手6.11】

1. 画直线 AB 的投影，点 A 点 B 的坐标分别是：$A(24,30,20)$，$B(15,26,37)$

2. 画直线 CD 的投影，点 A 点 B 的坐标分别是：$A(15,21,32)$，$B(28,15,25)$

3. 如图 6.105 所示，试想出其立体形状。

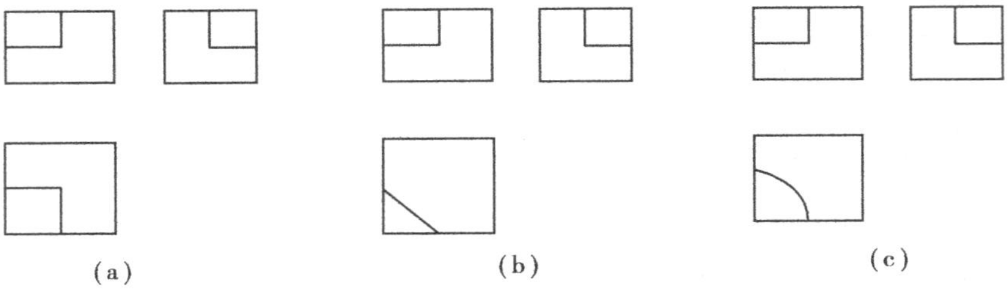

（a）   （b）   （c）

图 6.105　想出其立体形状

参考文献

［1］胡胜,等. 机械识图［M］. 重庆:重庆大学出版社. 2007.

［2］杨方勇,等. 机械基础［M］. 重庆:重庆大学出版社. 2007.

［3］付琳,等. 金属切削加工(三)-数控车削［M］. 重庆:重庆大学出版社. 2007.

［4］饶传锋,等. 金属切削加工(二)-车削［M］. 重庆:重庆大学出版社. 2007.

［5］董代进,等. 机械CAD［M］. 重庆:重庆大学出版社. 2007.

［6］董代进,等. 数控车编程与仿真加工［M］. 重庆:重庆大学出版社. 2009.

［7］李广全. 数学(上)［M］. 北京:高等教育出版社. 2006.

［8］丘维声. 数学(基础版)一册［M］. 北京:高等教育出版社. 2005.

［9］赵新民. 汽车构造［M］. 北京:人民交通出版社. 2002.

［10］徐冬元. 钳工工艺与技能训练［M］. 北京:高等教育出版社. 2006.

［11］李世维. 机械基础［M］. 北京:高等教育出版社 2007.